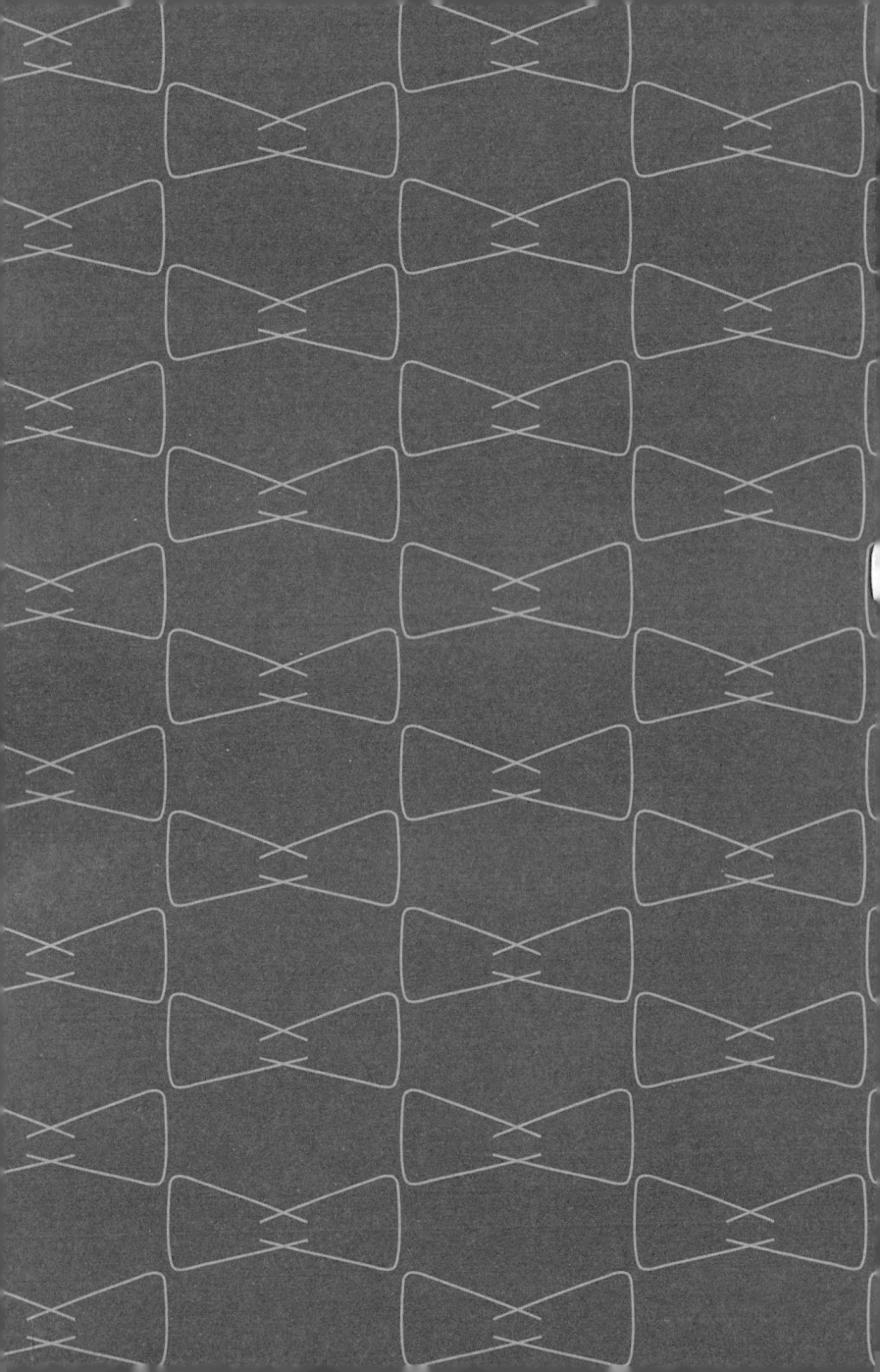

Pigtail and Bowknot

大辫子
与
蝴蝶结

夏无双 著
南　帆

人民文学出版社

图书在版编目（CIP）数据

大辫子与蝴蝶结/南帆，夏无双著．—北京：人民文学出版社，2021
ISBN 978-7-02-016602-2

Ⅰ.①大… Ⅱ.①南… ②夏… Ⅲ.①家庭教育 Ⅳ.①G78

中国版本图书馆CIP数据核字（2020）第170177号

责任编辑　王永洪
装帧设计　崔欣晔
责任印制　任　祎

出版发行　人民文学出版社
社　　址　北京市朝内大街166号
邮政编码　100705
网　　址　http://www.rw-cn.com

印　　刷　北京盛通印刷股份有限公司
经　　销　全国新华书店等

字　　数　149千字
开　　本　787毫米×1092毫米　1/32
印　　张　11.75　插页3
印　　数　1—5000
版　　次　2021年4月北京第1版
印　　次　2021年4月第1次印刷

书　　号　978-7-02-016602-2
定　　价　49.00元

如有印装质量问题，请与本社图书销售中心调换。电话：010-65233595

目录

卡通语言背后的距离 ………… *001*

我们生活在机器中 ………… *037*

玩具与游戏 ………… *081*

当八卦扑面而来 ………… *127*

装进校园的时光(上) ………… *165*

装进校园的时光(下) ………… *211*

大脑里的宇宙 ………… *249*

时尚对话 ………… *293*

那么多纵横交错的生命 ………… *319*

后记 ………… *369*

卡通语言背后的距离

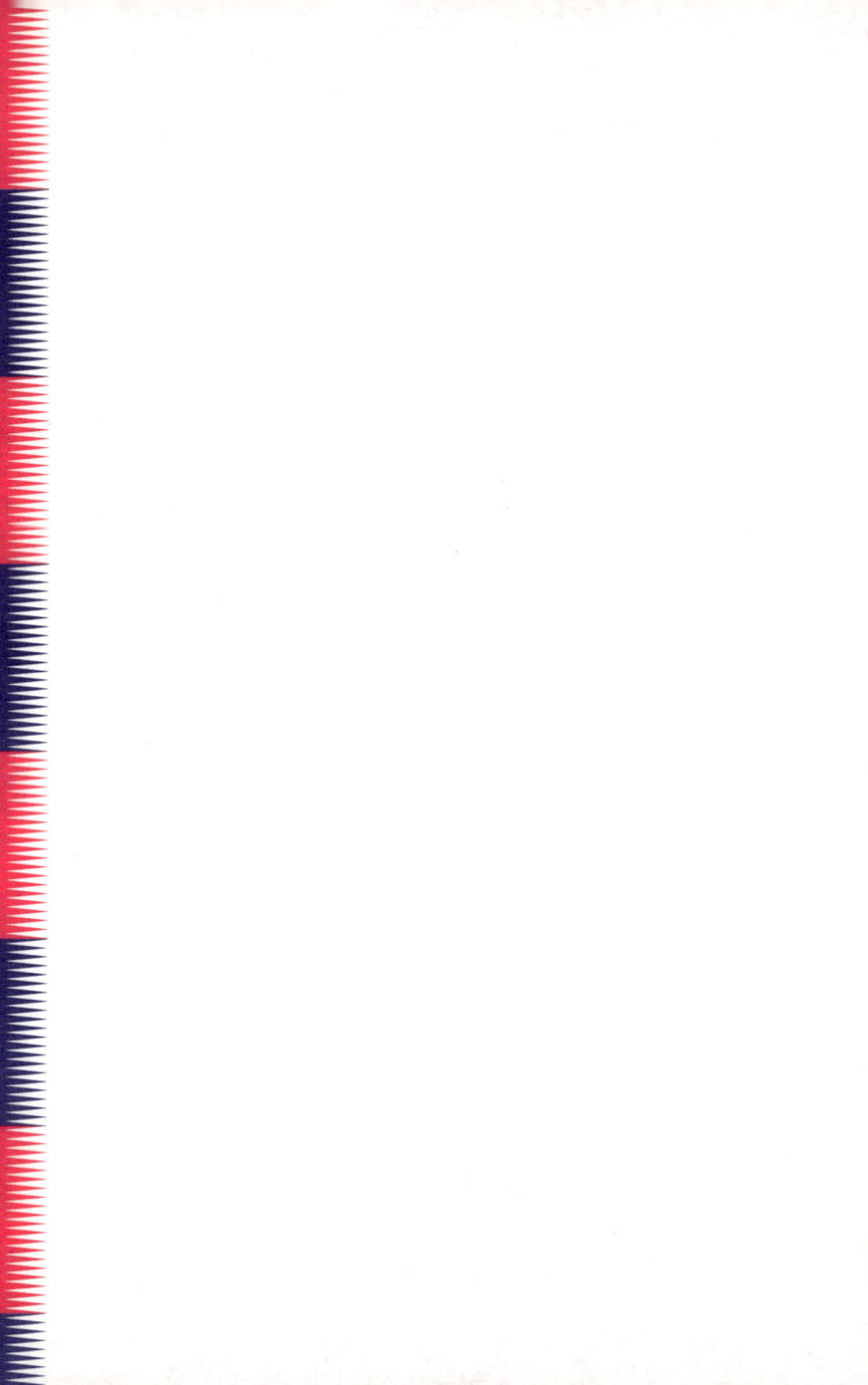

卡通语言背后的距离

主持人语：我住嘴，你们继续

生活在好为人师者众多的环境里，一个人是很难因为谦虚而进步的。几十年来，母亲一双似乎无所不能的巧手，至少在女红与烹饪两件大事上，早已摧毁了我有所作为的全部企图。这当然很令人暗自愉快，并且愿意顺水推舟摆出弱者的卑微，放胆说："我不会。"堆积如山的这不会与那不会，完全可以表明对世界操纵与掌控能力越来越低下，但难道不是也因此越来越优哉轻闲了吗？

家里还有另外两个表达欲旺盛的老师，某事某物，或者某个意外经历，立即就会涌现南辕北辙，或者貌似天下无双的种种争辩。作为评论家的那个人，常常正一脸肃然地磅礴道出久经理论素养训练过的真理，下一秒就可能被年轻人来路不明的无厘头反驳，稀里哗啦地冲垮固有的权威秩序。这根本不值得恼羞成怒，反而有一天评论家忽然意识到此类对话蕴含着特殊的时代秘密。他们年纪相差三十多岁，是从两块迥异的文化土壤里成长起来的，巨大的差异标示着社会的巨大飞跃。为什么不记下来呢？很多灵光一闪的碰撞转眼消失不免可惜。于是建起一个微信群，这是两年多以前的事了。群里包括我在内一共只有三个人。三个人开始不着边际地胡扯乱说，说了几天，发现这种形式既不科学也太琐碎，完全丧失面对面交锋时的机敏与鲜活。而且谁来整理呢？这种苦累活锤子剪刀布过，输的人照样消极怠工，一拖再拖，拖久了群里就堆成太行、王屋两座大山，除非愚公再世，谁都懒得对它们动一个手指头了。并且中途手机都丢或坏过，如果内存卡里是黄金白银，我肯定率先心疼，不过是一堆闲话，那又有什么好在意的呢？

这样就一年过去了，一年又过去了。那天是因为游戏起了争论。上年纪的人都讨厌嘈杂声音，可是恰好回家休假的年轻人在绘画之余，又把机器的打杀声带到我们跟前。辩论火热展开了，针尖锋芒，话锋绚丽。中途评论家突然严肃地沉下脸说：等等，这些话要记下来！

最初是打算三个人一起说的，但很快发现我的角色既不三也不四。我比甲新潮，又比乙老派，而且由于存在感情倾向，一会儿是甲同盟，一会儿又成为乙后盾，这种墙头草太容易沦为搅屎棍。算啦，我住嘴，你们继续。

  他们果真就煞有介事地你来我往了，先大致定出几个题目，然后面对面开谈，整理出大纲，再两个人各自坐在一套房子的两台电脑前，把问题大肆地扔过来扔过去。待他们扔尽兴了，我作为谦虚的第一读者，这才款款登场。无须讳言，我看得津津有味。三十多年的时光清晰地隔出了这个岸与那个岸，中间一条大河多么水汪汪地丰沛与繁杂啊。不经意间撒下一个网，河里的鱼虾就被活生生地打捞起来了。

南帆：这个对话让我犹豫再三，我不清楚语言的洪流最终会沿着哪一个方向漫延。我们缺乏共同的知识储备、人生经验和观察问题的视野。感觉不好，就像一只乌龟在一大堆电缆和金属零件之间旅行，将会遇到许多隔阂乃至陌生的内容。当然，相信你们对于上一代人通常保持应有的恭敬，许多时候，"大叔"还是掌控了签工资单的权利。尽管如此，两代人的交集之处却不多。我想，如今两代人的共同点比五百年前两代人的共同点少多了。

夏无双：其实不必恐惧啦，漫画中成长起来的人一般都不会很凶的。我见您发过脾气，可是您见我发过脾气吗？没有吧？哈哈哈……

南帆：好吧，我们的对话还是从你所喜爱的卡通说起。卡通在你们这一代人成长经验以及记忆之中占有很大的分量，这种绘画是否成为你们的文化宠儿？相对而言，卡通语言内含的美学价值是我们这一代人所陌生的，似乎很难赢得我们太多的敬意。尽管我也时常被一些有趣的卡通作品逗得哈哈一笑，可是，这些作品却从来不会为我带来持久的震撼。当然我也在反思这种差异的原因。在我看来，卡通是一种缺乏"深度"的绘画语言。简明的线条，平面的构图，似乎容纳不了深邃的主题。夸张的造型仅仅产生喜剧效果。我不知道是否低估了卡通的意义。许多时候，"深度"是我们这一代人对于文学艺术的基本期待。当然，后现代主义文化语境之中，这种期待遭遇到重大挑战。而你研习过多种绘画，水彩、水墨、油画、大漆画，等等，感觉画风基本都偏于卡通。是知识储备所致，还是仅仅因为个人的喜好？

夏无双：其实我最喜爱的画家是拉斐尔和米开朗琪罗，前者的柔美和后者的磅礴都令我非常着迷。我曾两次到巴黎卢浮宫，早上带着矿泉水和面包进去，一直到傍晚闭馆前才恋恋不舍地出来。为了能多看些画，从这个展厅到那个展厅都是跑过去。我这么懒的人，一整天居然也不累哈。达·芬奇、毕加索、凡·高、莫奈、考特……这些大师的画都让我非常非常震撼，看照片和看原作真的感觉完全不一样，但这并不影响我同样喜欢卡通。很小的时候我就开始看漫画，大概是在幼儿园大班左右吧，看的是《哆啦A梦》，当时的译名还叫《机器猫》。然后小学一年级，电视台开始播《美少女战士》，接着是《圣斗士星矢》，还有《小龙人俱乐部》，等等，除了这些日本的动画片，还有许多来自美国的，比如《神偷卡门》《神探加吉特》《忍者神龟》……总之我的整个小学阶段，课后第一件事就是匆忙奔回家看这些电视节目和漫画书，我的同学也一样，那是我们人生启蒙阶段最具吸引力的阅读。与课堂上的高压、枯燥相比，无论漫画还是动画，它们主角的生动、故事的趣味横生，都形成天壤之别的反差。现在想，如果小学的课程不是那么无聊，会不会我们就不至于那么痴迷地坐到电视前？进入初高中后，电视上播的动画片少了，但是，互联网却发达了，在电脑上看动画越来越方便。看多了，某一天终于出现了一个念头：我也想学动画、自己做动画。

南帆： 我听你妈说过一件她深为痛恨的事，就是你初一期末考前夜，她带你到一家刚刚开业的饭店加餐，那天回家之后你居然不复习功课，而是开始设计饭店服务员的职业服装，还要叫你妈送到饭店交给经理。

夏无双： 噢，对，我记得那晚得意地把设计的服装图拿给我妈，以为会被夸，哪知我妈脸猛地一黑，就把画撕掉了。她的意思是明天要考试了，怎么还不好好复习而去画画？其实画画跟考试关系并不大。当时好沮丧，灰溜溜地回到书桌前，但还是重新又画了两张。第二天我妈看到了，没再说什么，但把它们当成我对学习不重视的罪证保留下来。那家饭店装修明明是中式的，可是服务生穿的制服却是西式的。我那时其实对服装设计一无所知，就是朦胧觉得不对头，很不协调，回家后就老想着这件事，走火入魔般非画出来不可。最终当然也是白画，我妈根本没有把我的设计图给人家,给了人家应该也不会接受吧?而且那家饭店好像没开多久就倒闭了。当时我曾闪过一个念头:开业不利,问题会不会就出在服务生的服装上呢?

南帆: 你的关注点多少还是有些奇怪。对于学生而言,期末考难道不该重视?你关心的却是一家毫不相关饭店的服装问题。据我所知,你们这一代也不是所有人都对成绩这么无所谓的,即使仅仅是期末考,毕竟仍然关系到班级排名之类的荣誉问题。放弃复习,坚持画服务生服装设计图,通常会被看成是任性,当然也可以反过来看成是艺术气质。评判一件事情,艺术气质常常与世俗标准格格不入,它更遵从于内心,遵从于所谓的灵感。回到卡通这个问题,让我像记者一样问一句:卡通已经是你心目中理想的画种吗?

夏无双: 不算最理想,但目前我还比较喜欢这种画风。也许以后会变,但究竟怎么变,变成什么样,我还不清楚。内心肯定已经有一些模糊的想法,只是我现在还无法将它们抓住,还不能清晰起来。对了,让我也像记者一样反问一句：你的理想是什么？从小就想当一个理论家吗？

南帆： 八十年代之后出生的年轻人很难想象我们的少年时代是怎么度过的。那个时候，我们通常会选择说，我的理想是当一个科学家。科学家不会犯思想错误，研究无机化学或者地质结构没有多少政治风险。那时政治风险极为可怕，不小心卷入就毁了一辈子。当然，无机化学或者地质结构是可望而不可即的，对大部分人而言科学家并非理想而是幻想。我的小学和中学基本没有读书，中学毕业之后就下乡插队。总之，我们不可能拥有做一个科学家的知识储备。

那时我还有另外两个比较切合实际的理想，一个是当乒乓球运动员，另一个是当围棋运动员。这两项运动都是我喜欢的，至今还能与业余高手较量。尽管如此，我仍然没有条件接受较为系统的训练。没有教练，自己摸索到一定程度就停滞不前了。我的第三个理想说来差距很大，就是当一个木匠。这个理想已经接近实现。木匠可以无师自通，观察别的木匠打家具，可以偷偷学一些手艺。中学的时候，我已经借助几种简陋的木工工具"生产"出了几把方凳。当然，那时手艺不精，有把方凳的中间出现了一条大裂缝，某一天曾经把屁股夹得生疼。

当一个理论家是上大学之后才出现的念头。理论家甚至不是什么人生理想，而是某种自然进入的状态：我开始力图用理论语言解释自己的生活，包括这一代人的社会历史。这种兴趣无疑影响了我观察文学艺术的视角，我以及具有相近经验的理论家总是喜欢关注文学艺术对于社会历史的意义。因此，我常常对你们的卡通有些不屑：好玩而已，轻飘飘的，缺少分量。

如果我告诉你，卡通是我所不喜欢的一个幼稚的绘画品种，你会如何反应？

夏无双：不赞同啊。首先要说明的是，动画有很多类别，功能也不同。我喜欢动画主要是因为故事情节或者画风。您不喜欢是因为接触的卡通都是给儿童看的，便以为卡通都这样，看上去很幼稚，其实那只是卡通类型中很小的一部分。一般地说，中国电视台播放的动画都是面向幼儿的，美国的大部分动画片也是面向儿童或者青少年的，他们同样是最大的受众群体。儿童看的动画一般比较夸张，大部分的确平面、简单。而漫画就不一样了,漫画多半面向青少年和成年人。

　　提一下我最喜欢的两部漫画《Slam Dunk》和《五星物语》。《Slam Dunk》的中文译名是《灌篮高手》,我想你们应该都听过这个名字,一个非常励志的漫画,讲的是不良少年樱木花道由于喜欢一个女孩子而加入了高中篮球队,从一个门外汉经历了大大小小的比赛之后变成了一个真正热爱篮球的运动员。不仅主角,队里的每一个人都很可爱,甚至敌队的选手都有很高的人气。虽然这些内容看起来很俗套,但是,我在小学六年级看到这个动画的时候,就非常喜欢。前两年《灌篮高手》重制了一个高清版,我又看了一遍,依然很感动、很热血,现在我才发现,我一直很喜欢这个动画不仅是因为樱木花道的努力,而是我很羡慕他们有这么昂扬拼搏又多姿多彩的高中生活。而我们这一代的高中生活真的很枯燥、很无聊,文化课、专业课,周末还要各种补课,放学回家还有无数的作业,每天都在重复同样的事情和同样的节奏。万一考试不理想天仿佛就要塌了,学校和家长双重的压力山大。那几天看重制版的时候满屏都是弹幕,不亚于任何一个热播的新动画,我才知道《灌篮高手》不仅在日本影响力广，在中国也是激励了我们80后和90后，它成了我们一代人共同的记忆。

南帆： 少年最容易迷茫无措，因此都下意识地希望被什么人物或艺术品所鼓舞，从中找到人生前行的方向和动力。四五十年代出生的人说起励志的读物，往往都会提到《钢铁是怎样炼成的》和《牛虻》。他们很多人都能够熟练背诵《钢铁是怎样炼成的》这本书中的警句，并且把保尔·柯察金当成自己的偶像。从保尔到樱木，都是外国人，但从人物类型到艺术形式差异都非常大了。

你刚才介绍了《灌篮高手》是一个篮球少年的成长故事，那《五星物语》呢？作为对你影响巨大的两部漫画之一，《五星物语》到底是一部什么样的漫画？我现在有点儿好奇。

夏无双：《五星物语》有一个非常复杂丰富的故事，作者自创了一个新的宇宙"玖卡"和时间观"星团历"，故事讲述的是这个宇宙里的五个不同的太阳系中不同星球上的国家的斗争和生存，整个故事横跨大约七千年。在这么大的一个背景下讲故事非常难,作者干了一件非常奇葩的事情:在漫画开始连载之前,他把历史大事件按时间顺序写了出来,发表在杂志上,这成为唯一一部还没开始看,就已经知道结局的漫画。为了讲述这么长的故事,主角被设定成了一个神,不老不死,宇宙最强,他不干涉其他国家的历史进程,就是一个单纯的围观者。这个设定在很多读者看来非常不可思议——不仅在当时,现在也是。一个少年漫画的主角居然不是从一个"弱鸡"经历各种磨砺变为高手,而是一开始就已经独孤求败了,这让我非常意外。不过,这个漫画真正的主角是那些生活在不同星球上的众生,有国王有贵族有平民还有人工智能,五花八门,非常丰富。

《五星物语》这个漫画就是以上帝视角看这些不同的人组织成的历史。这个漫画在中国非常小众,在日本看的人虽然也不算太多,却非常有名,现在日本很多知名漫画家都受到这个作品很深的影响。您知道为什么看的人不多吗?是因为这个漫画实在太复杂了,登场人物一百多人。而且作者还用了《星球大战》那种跳跃式叙述方法,导致本来就很复杂的故事变得更加难懂,加上作者拖稿曾经长达十年,导致这个作品的读者心累啊。您想，十年啊，这得多铁的粉才能慢慢等下去！日本类似这种复杂的漫画还有很多，这些作品的题材是不是能够比较满足您这样高端读者对"深度"的爱好？

但是，我跟您说，国内对于这些作品的译介却不多，通常是读者自己组织的小团体或者翻译组，译出之后向粉丝推送，只有关注这方面的读者才能想办法找到资源。不去专门搜肯定是看不到的啦。您可不要小看卡通，现在很多票房非常高的电影和电视剧都是改编于漫画或者动画甚至游戏，比如美国的《蝙蝠侠》《复仇者联盟》《变形金刚》等，日本更是数不胜数，近年的大IP电视剧电影基本都是动漫改编的，比如《半泽直树》《朝九晚五》等。

南帆：我第一次知道《蝙蝠侠》和《变形金刚》来自动画。这两部影片我都看过，想象力的确不同凡响，也许，这种想象力属于卡通语言的内在品质？可是，你会不会觉得，这种想象与现实生活的联系相对单薄，甚至无关痛痒，不足以震撼人心和叩问灵魂。不过，我想先问一下，你们觉得这种联系重要吗？

· 丑牛 ·

卡通语言背后的距离 *017*

· 午马 ·

· 卯兔 ·

夏无双：不算卡通语言的品质啊，卡通语言是指卡通画面的表达方式，和故事剧本没有什么内在的联系。我觉得联系重不重要得看作品题材，比如《蝙蝠侠》就比较贴近现实，和现实生活联系比较多，这在于蝙蝠侠不是具有超能力的超级英雄，他行侠仗义就需要功夫超群，于是作者安排他去尼泊尔学武术，而做武器、盔甲需要钱，于是设定他通过工作和应酬获得财富，让他非常富有。而《变形金刚》和现实的联系就比较少，因为它是科幻题材，本来就是大部分情节靠的是作者脑洞，主角又都是各种机器人，和现实联系越少，角色就越神秘，越吸引读者。为什么要特别注重有联系呢？这个我就不太明白了，你们文学艺术的一个重要特征不就是虚构吗？

南帆：虚构是一个理论性的大问题，并非你想象得那么简单。人们常常虚构自己缺乏的，同时又向往的内容。一个穷小子愿意虚构捡到一个钱包，而不是虚构夜晚行走在寒风里无家可归。精神分析学认为，文学艺术的虚构也是如此，只不过形式复杂一些。这种观点至少部分地解释了通俗的流行文学吧。打开互联网，立即就可以读到这样的小说：一个穷小子由于偶然的机缘武功盖世，打遍天下无敌手；再由于偶然的机缘当上了总裁女儿的保镖，总裁女儿又是极品佳人，接下来的故事你们都能猜得到。美女、财富、征服他人的武功或者权力，这些都是一般人所缺乏的，他们只能利用文学艺术的虚构为自己提供一个"白日梦"——"白日梦"这个概念来自精神分析学。

至少在这里，我没有挖苦"白日梦"的意思。一个社会大型的"白日梦"，我们有时会称之为"乌托邦"。"乌托邦"具有正面与负面两种含义。一个没有任何"乌托邦"的社会将会死气沉沉，社会成员不再产生追求更高目标的冲动，到此为止，所有的人也不再有"白日梦"，心如古井，有点儿像现今流行语言所形容的"佛系"人物。这个意义上，"乌托邦"很大程度上是"社会理想"的同义语，保持一种正面的含义。"乌托邦"的负面含义通常指的是一种不可能实现的幻觉，甚至是一种自我欺骗。阿Q式地安慰一下自己，换取某种心理满足之后，一切依然如故。

对于文学艺术说来，我所重视的虚构是：作品展示了某种超越现实的想象，但是，这种想象与未来的社会历史结构存在对接的可能。这种可能甚至会策动读者或者观众行动起来，尽管不一定是具体地模仿作品之中某个人物的所作所为。

可是，我觉得你所喜欢的那些虚构不存在与社会历史对接的可能，你们根本就不在乎这个问题，甚至也不是网络小说中的那种常见的"白日梦"。你们会有一些非常奇怪的想象，例如外星人，或者来自海底的怪物，等等。你画的那十大行星形象，一个美女头上长出一棵树，或者，另一个美女的眉毛、鬓角由珊瑚构成，这些惊艳的想象后面存在什么？

夏无双：这个我一时也说不太清楚，也许是来自对未知地区和生物的幻想吧，比如外星人，我就很相信有外星人的存在。小时候我特别喜欢看科普节目，尤其是关于宇宙太空的节目。在太阳系中我们只是一个很小的行星，而太阳系是在银河臂上的一个芝麻粒不到的光点，离银河系的中央还有非常非常远的距离，而银河系在我们的宇宙中更是一个毫不起眼的存在，那么我们的宇宙之外是什么，我从小就爱胡想这个问题。后来知道了"平行宇宙"这个概念，我一下子就相信了。宇宙之外还有宇宙，不同于我们这个宇宙的存在，我认为宇宙大爆炸的那个奇点有多少种变化的可能性就会有多少的宇宙，所以这么多的宇宙中怎么可能会没有外星人呢，只不过并不是所有的外星人都像我们这样由猴子进化而来生活在陆地上，有可能会是鱼进化、恐龙进化，或者豹子、虫子进化，甚至没有实体的外星人，这些都有可能呀。海底生物也是同样的，目前被我们勘测过的海洋据说只占全部海洋面积的5%，特别是深海，说不定真的有一个海底神殿，住着庞大的美人鱼一族呢！我感觉您好像对天文或者叫天体物理学都没什么兴趣啊，为什么啊？明明这么有趣！

南帆：作为一门科学，天文学并非由单纯的瑰丽想象组成，更为重要的是计算和证明。想象宇宙之间存在某种暗物质不是特别困难，重要的是通过精确的计算证明这种看不见的玩意儿确实存在。这种天文学家无疑需要一般科学家的知识储备。我前面已经说过了，我没有条件问津这种工作，只能一直保持遥远的距离，并且在这种距离之中寄托自己的敬意。

　　你的天文知识之中，一半由童话和科学幻想构成。这没有什么不好，童话和科学幻想是人类精神土壤的一个组成部分。可是,对于我们这一代人说来,严酷坚硬的现实常常榨干了这一部分文化。生计没有着落的时候,甚至晚餐不知道有什么可吃的时候,童话和科学幻想就会像潮水般地退去。当然,我没有理由把这种"现实"关注形容为多么了不起的优点,而是说明我们的精神结构特征。每一代人都会拥有自己的聚焦点。我还可以举出一个例子——我与你们对于喜剧的兴趣肯定也存在很大的差距。

现今的文学艺术中,喜剧的泛滥已经成为一个刺眼的特征。所有的人都想当"段子手"收获笑声。整个社会似乎都热衷于追求喜剧效果。皱起眉头想一些严肃的问题多半被视为无趣。不用说,你肯定也是喜剧的拥趸。你的笑点似乎特别低,叙述一件事情、一段情节、一个场面,你已经笑得前仰后合的时候,我常常还不知道有什么可笑之处。当然,我要说的不是你的个人状况——我想说的仍然是,你们这一代人对于喜剧性作品的特殊爱好。当然,没有人愿意整天哭丧着脸,问题在于,现实负担得了这么多的笑声吗?我们时常察觉到现实的沉重,甚至苦难与黑暗。无忧无虑的精神状态令人羡慕,但是,无忧无虑与天真地盲目乐观存在区别吗?

夏无双：我们这一代人真的比较热爱喜剧。我从小看的电影很少是严肃沉重题材的，可能刚好经历了喜剧电影的鼎盛时期，特别是香港喜剧电影的繁荣。小时候看过非常多香港的喜剧电影，比如释小龙的小和尚和那个戴着阿炳眼镜的小胖和尚，我一直对释小龙的印象停留在他小时候又萌又可爱的样子上，以至于多年后在电视上看见胖乎乎的释小龙的时候，真的大跌眼镜，完全无法接受。

南帆：我们这些五六十年代出生的人还是更愿意保持相对古典的文化趣味，在我的心目中，悲剧和正剧还是高于喜剧的。这是因为两代人曾经生活于不同的文化气氛之中吗？强烈的文化差异无疑会显现为不同的美学追求。我知道许多年轻人喜欢《大话西游》，据说一些人可以大段大段地背诵《大话西游》的台词，我深感奇怪——周星驰那么有趣吗？为什么我没有感觉？后来我逐渐察觉，年轻人更多地追求一种"表层"的喜剧性，一些小机智、小逗乐，或者那些"无厘头"的桥段，例如周星驰扮一个鬼脸，或者"I服了you"，等等。这种小机智、小逗乐可以反复地赢得笑声。恕我直言，我总是觉得这些作品没有重量。因为曾经在乡村生活，插过队、吃过苦，我们这一代人的精神状态的确比较沉重。即使是喜剧，我们关注的是《钦差大臣》这种有"深度"的作品——你看，我又提到了这个词。

夏无双：说实话我没看过周星驰的电影，没法比较……我看的电影比较杂，也没有什么特别喜欢的导演。平时看得比较多的是悬疑推理剧和一些商业片或者叫爆米花的电影。推理片从小就很喜欢看，观察各种线索，然后脑中暗自推断，接着对照结局检测自己的推理过程，很动脑子很有趣。可能我有轻微的强迫症吧，所以对电影的逻辑要求比较高，推理片逻辑紧密层层剥开，看着很过瘾。而爆米花电影完全相反，看时不需要动脑，那些打斗或者追戏的场面过瘾就行，完全不需要逻辑的。您老人家不是也很喜欢看打斗或者枪战片，那些电影也不见得有多少深度嘛！热闹眼前过，心中什么都不留，挺轻松的。

南帆：枪战片确实是一种消遣。不过，为什么选择枪战片而不是别的什么作为消遣的对象，仍然可以追溯到个人的无意识。我暂时不对自己进行精神分析吧——但我突然想到另一个有趣的问题：你虽然是作家的女儿，却没有顺理成章地长成"文二代"，甚至没有兴趣从事文学。为什么不愿意选择语言艺术而投身于绘画？按理说语言符号比绘画符号更富于表现力。语言可以表达内心，表达历史的纵深感，或者从各个视角，以独特的个人感受再现一个事件，一种场面，也可以自如地叙述各种哲学思考。相对地说，绘画只能展现一个画面，而且往往是静态的，画布上的人物不会说话，不会走动，它是有局限的。

夏无双：我不同意您的看法。虽然一幅画是静态的，但是有些作者却能使你看着画布的时候，开始联想画中人物之前在做什么，之后又会去哪里、去做什么，比如伦勃朗。我看伦勃朗的每一幅画都会脑洞大开很久，想象主要几个人物的人物设定和关系，这可能跟我从小看漫画有关，而每个观众的联想都是不一样的。盯着看久了，甚至觉得自己与画里的人物、环境融为一体了，成为他们的一部分，甚至听得见他们的声音。这种开放式表达方式不是比你们文学作品只能按作者已经规定好的方式行进更有趣吗？

南帆： 我记起来了，小时候我也曾经迷恋过绘画作品，就是连环画，我们称作"小人儿书"。现在已经看不到这种形式的作品了，大约是巴掌大的一本书，每本一个完整的故事，每一页是人物形象的图画，他们正在交谈、喝酒、打仗、开会、喊口号，如此等等，每一页同时配上文字说明，一本连环画就是一段文学情节。《三国演义》可以有十来本吧。那时一个孩子书包里放了一本连环画到学校去，他就会成为当天校园内的王子，所有的人都会向他乞求：借我看一下吧。我家附近那时有一家出租连环画的小店铺，店铺里几百册连环画，一分钱似乎可以租五六册。许多连环画被翻烂了，封面用一个小木片保护起来。当时所有的孩子都会觉得，如果能当上这个连环画店铺的老板，就是叫他当皇帝也不干。借到一本连环画，如果时间充裕，我会找一张透明纸铺在连坏画上，将最喜欢的几幅图画描摹下来——你看，我差点也有可能当画家。

不过，连环画与普通的绘画还是有很大区别。每一幅图画底下的文字说明补充了画面之间的空隙。所以，连环画的情节连贯性很强，画面不是第一性的。

回到先前的主题：你所说的画面"互动性"也是文学魅力的一部分啊，比如小说，读者就可以在阅读过程中，融入情节，以某个人物自居，与之同呼吸共命运，甚至读到泪满襟、气难平。有时我会好奇地猜测，如果进入文学，你会选择什么？诗歌如何？小说——哪一类型的小说？现在很多年轻人迷恋网络小说，你是他们中的一员吗？

夏无双：对于文学的兴趣真的一般般，可能是近庙欺神吧，家里书这么多，作家离这么近，连发脾气、挖鼻孔都看得一清二楚，总之反而没有了神秘感。我妈好像一开始就没打算把我往作家这个职业上赶，虽然小时候也被逼着背诵了很多唐诗宋词，但那好像只是例行公事吧，感觉我妈也没太当真。倒是记得小学时上过少年宫的舞蹈班，还报了古筝班、书法班、国画班，差点还跟一个亚洲武术冠军学武术，哈，偏偏没有把我送进写作班过，这事现在想起来倒是有点儿奇怪是不是？其实我平时也看小说，但只喜欢看推理侦探小说，柯南·道尔、阿加莎·克里斯蒂、东野圭吾、凑佳苗等，他们的书几乎翻了一个遍。但网络小说基本没看过，宫斗剧一点兴趣都没有，不喜欢那种题材，斗来斗去显得太无聊了，活得那么累干什么？不是你的东西何必非要死去活来地去争呢？太没意思了。上面说过，我比较喜欢看推理悬疑剧，有个奇怪的现象是，如果先看原小说，我对剧有兴趣，会把小说跟剧对比着看，哪里改编了，哪个情节增加了，挺好玩的。但是如果先看了剧，有一天剧又被改成小说，我就一点看的念头都没有了，因为文字场景描述很详细，看起来要脑补场景和犯罪现场环境，这些没有看电视剧来得直接，气氛也不对头。

南帆：你习惯直观性的场面，所以选择画画，这么理解对吗？可是，你创作的绘本《卡普与卡普》中却包含了不少文学成分。你的心目中，这部作品中最为重要的元素是什么？绘画？文学？喜剧性？我们都知道这部作品会引起笑声，可是，我想的是另一个问题：估计你无法在这部作品加入一个让人落泪的部分。

夏无双：《卡普与卡普》中最重要的元素还是喜剧，狗卡普被我设计得比较呆萌和有点儿傻，这是为了更好地推动绘本的故事朝喜剧方向发展。我认为这套绘本的受众还是儿童居多,所以以喜剧元素作为重点,能让儿童比较容易接受和理解。至少目前,我还没有加入一个落泪部分的构想,也许也不是不可以,只是我还没想出一个合理的、有意思的情节吧。

南帆: 这个我倒是有点儿期待了。卡通语言一向似乎只适合表现喜剧性,对于沉重的悲剧却无能为力,如果也能催人泪下,说不定也会令人耳目一新。另一个问题有些理论含量:怎么理解作为一种美学趣味的"萌"?——我知道,这种美学趣味深受你们这一代的喜欢。

夏无双: "萌"来自日语,是可爱的意思。现在很多人都喜欢萌系的东西,动物、食物、家具、电子设备等。引申出另一个词语就是"少女心"。"萌"和"少女心"很多时候会成双成对地出现。一般女生对那些马卡龙色系(粉红、粉蓝、粉绿、淡黄等颜色)的物品出现时会用这个说法:哇,好萌啊。我们觉得这很自然啊,没有必要多想什么。就像你们那一代的审美是大辫子,我们这一代是蝴蝶结。

南帆：天下动物万千种，但《卡普与卡普》的主人公选择的却是一条狗。前几年你养过的那条拉布拉多犬就叫卡普，你画它，相信有着特殊的感情。还喜欢别的动物吗？对于动物保护主义感觉如何？

夏无双：动物保护主义我了解得不多，虽然我也喜欢猫啊狗啊这些动物。动物保护主义者为了保护濒危动物做了很多事情，真的很敬佩他们。现在自然环境恶化，很多动物流离失所，前几天我还看到新闻上出现了一只快要饿死的北极熊，太悲惨了。这些动物保护协会组织的工作很伟大，反正比我这种只会画画的伟大多了。我是光说不练。当然有一天也许机缘巧合了，我也愿意成为一名动物保护主义者，它们那么可爱，不要去伤害嘛。

除了狗和猫，我还喜欢老虎、猎豹、北极熊，这种毛茸茸的大型动物特别让我动心，那么可爱，感觉抱着很暖和，摸起来手感特别好。小时候我特别羡慕《阿拉丁》里的茉莉公主，因为她养了一只老虎。当然，我没有摸过其中的任何一种巨型大动物，没有机会，真让我摸可能也会害怕。

这一阵我正在画一批动物，主要是十二生肖，用大漆和卡通语言来表现中国传统元素。漆画一般很少以卡通的形式出现，我觉得完全可以呀，尝试着做一批，挺有意思的。

南帆： 我还想纠缠一下这个问题：你认为你的绘画与现实生活存在多少联系？不知道你是否在乎这种问题。你想按照《卡普与卡普》那种趣味生活吗？这个世界其实还是很坚硬的，根本不可能有那种童话般的透明——算了，我还是把问题问得更明确一些：你是如何看待以及对待这个世界的黑暗和丑陋的？《卡普与卡普》充满了天真的情趣，我总是隐隐地担心，那种脆弱的乐观可能会被沉重的生活轻而易举地碾碎。

夏无双： 我只是在绘本里创造一个轻松温暖的小世界，它跟现实生活是两个概念。艺术又不是非得完全和现实一模一样才行，对吧？何况《卡普与卡普》里面的狗卡普太傻了，我不会教出那么傻的狗。尽管社会新闻里可以看到许多黑暗和丑陋，但我不想画到绘本里。绘本是给儿童看的，太多的黑暗和丑陋，家长不会买单的，书卖不出去。即使卖出去了，对小朋友也不好。

南帆：作为城市里的独生子女，你们大都衣食无忧地长大，而且多半是在新闻里看到种种不如意的生活，缺乏真正的经验和体验，这些内容无法以尖锐的方式进入你们的艺术。当然，艺术并非简单地复制生活，同时，艺术也不是像脱缰的野马那样完全自由地想象。"似与不似之间"包含了艺术的最大秘密。完全与社会历史脱钩的艺术会出现一种失重的感觉。那些炫目的想象不会让人反思自身。譬如，武侠小说悬念丛生，跌宕起伏，但是，一旦合上书本，我们立即知道，那些故事与我们的生活无关。该上班仍然去上班，该洗碗仍然去洗碗。

我发现你对于大自然也没有多少体验的兴趣。譬如，愿意不愿意久久地凝视落日的辉煌景象？涌浪阵阵拍打的沙滩呢？有没有察觉到大风像一床被子劈头蒙下来，让人一下子喘不过气来？还有泥土、树木、河流、荒野，等等。作为一个画家，你是否还存在发现自然、再现自然的冲动？或者说，所谓的大自然仅仅剩下一个名词，种种景象不再能真正地从美学上打动你们。如果作品之中必须出现自然背景，你们就到互联网上搜索一些花鸟鱼虫的原型，然后进行加工。或者可以说，对于你的绘画作品而言，大自然主题的分量是否正在衰减？

夏无双：这没什么，在我看来也很正常啊。大自然景象完全可以上网搜图片啊，多方便。虽然现场看身临其境更震撼，但是，出远门要准备很多东西啊，而且还很累，上网鼠标一点看个图就好了，当然要是图片特别漂亮，也很想找机会去看一看咯。其实我们这一代还是有很多人喜欢旅游的，到处跑到处看，成为驴友的主力军。可能我比较奇葩，觉得去海边会晒黑，去森林会被虫子咬，去荒野风大，风吹得脸疼，反正就是各种偷懒。但也不是哪里都不去，至少到目前为止，大半个中国已经走过，境外也去了六七个国家或地区。没去过的地方，无论什么风景，在网络图库里看一看就好了。我确实不是很喜欢仅仅为了感受自然而吭哧吭哧地出门旅游，像歌里唱的，天地在我心中嘛。

自然主题并没有衰减啊，大自然比城市、机械好画多了，我就很喜欢画山川景色，而且，自然环境的颜色丰富，很艳丽，我特别喜欢这种花里胡哨的颜色，天想让它蓝就变蓝了，河想让它红就变红了，或者山多高多低都可以自由决定，跟造物主似的。古人才需要吭哧吭哧地到处走，徐霞客走了一辈子都没把中国走遍，外国更是连门都没有摸过，脚都快走断了吧？不走就什么也别想看到，看不到就啥也不知道怎么画怎么写，真是太可怜了。时代完全不一样了。我是上网搜图党，搜图很方便啊，一输入关键词，哗哗哗地一下子全出来了，而且还会搜出很多超出预期构图和色彩的图片，感觉省时省力又激发新灵感，一石三鸟，简真太爽了，跟诸葛亮似的，稳坐帐中，决胜千里。

南帆： 我们相差三十多岁，三十多年的距离不算太久的时间，但是，我发现相互之间的观念和行为方式已经千差万别了。今天谈了这么久，现在我要说出我的一个发现：你们似乎没有经历过多少事情，同时，你们似乎又懂得很多事情。事实上，你们的许多知识来自传媒、来自互联网，而且，这些知识与感同身受似乎没有多少区别，那些传送各种知识的机器仿佛就是生活本身。而在我的心目中，书本的知识、传媒的知识与生活本身之间是存在界限的，尽管如今这些界限可能愈来愈模糊。就像没法到互联网上吃一碗面条一样，亲身体验的大自然或者面对面的人际交流与借助传媒实现的景象远为不同。看到你们热衷于在 QQ 或者微信上一聊就是大半天，我时常有异样的感觉。某一天我终于意识到，我们对于机器的接受程度远为不同。下一篇我想和你谈一谈我们生活中的机器问题。

我们生活在机器中

主持人语：时光太浅，好奇太深

郊区一条深掩乱草中的明清古道被发现，我去看了看。嵌在山体里，二三十公分宽的青石台阶一路向上，像一条巨大蜈蚣静静趴着。台阶上覆着厚厚的青苔，青石已青透，宛若披一层伪装与周围树木和谐相融。当地人说："这是以前进京赶考的必经之路。"我点点头，噢了一声。那一刻我知道如果早生若干年，即使自己是风流倜傥的书生，是腹藏万卷诗书、怀揣经世致用之才，也不可能有闻达于诸侯的任何可能，因为我吃不下行路的苦。

网上查，福州到北京空中距离是一千五百多公里，陆路则是两千三百三十多公里，靠两条腿的话，按每天持续疾走三十公里计算，也得走上两个多月。而有了现代化交通工具后，飞机两个半小时、高铁九个多小时、汽车一天半，再不济风雨兼程骑个摩托车，所花的时间也不超过两个昼夜。

仅这个例子，机器就足以在人间获得四溢的尊严。

在家里我常常被训斥：又买了……怎么还

买……

衣服之外，各种机器确实是我第二大下手之物。作为一个对理工领域几近白痴的蠢货，我其实连电灯的保险丝都无能为力，种种仪器的说明书看进眼里也高深如天书，但这都无法阻挡对它们随时澎湃而来的热爱。只是买买买之后，洗碗机很快形同虚设，垃圾粉碎器几年都不会运转一次，扫地式吸尘器在屋角落满了灰尘静静呆立，而打开某个柜子，众多榨果汁机、豆浆机、面包机、豆芽机、洗牙机、按摩仪垂头丧气地比肩接踵，它们往往来不及发挥万分之一的功能，就已经被遗忘。至于手机，好吧，来说说手机，它像第十一根手指头长在我的巴掌上，整个世界都浓缩其中，看新闻、观电影、看小说、转账、购物……它甚至比很多亲人都真实可靠地托起生活的重量。它更新了，换代了，推出新款了，当向往漫天飞扬时，甚至对旧机一次次丢失、摔坏暗生丝丝欣喜。

幸亏贫穷限制了我的胃口，否则蒸汽机、火箭、私人飞机、宇宙飞船这样的庞然大物也会随时降临家中吧？时光太浅，好奇太深，或者说人生太短，欲望太多，购买冲动涌起的瞬间，其实是对拓展生活疆域的无限热望。

所以在关于机器的这场对话中,我无疑站在年轻人一边。年轻人孤身在北京工作,雾霾连天时,我希望有个神器把福州的优质空气输往远方;三顿饭菜飘香时,我又幻想只要按钮一压,美味可口又相对安全的食物就飞到京城……与只能靠一个装粮食的胃而生存的人类相比,吃油吞电的机器日日狂飙突进地强悍,其智能水平已经令人担忧会有终成灾难的一天,但这毕竟在普通人可控能力之外,连恐惧都暂且方向不明。想想在古道上跋涉两个多月,形销骨立、脚皮褪掉几层才抵达京城的书生,我们只能先庆幸和受用能够生活在机器中。

南帆: 多年之前,我曾经做过一个演讲,题目就叫作《我们生活在机器中》。当时我谈到了影响我们日常生活的各种小机器,例如电视、手机、电脑、汽车,等等。如今,这些小机器又增添了许多新的品种,例如3D打印机,人工智能机器人,或者社区、街道密集分布的摄像头。几十年前,在我年轻的时候,日常生活中的机器基本都是稀罕物,甚至算得上奢侈品。当时我只能接触到一个自动化装置：自来水龙头。拧开水龙头，水流自动喷涌出来，这已经令人非常愉快了。手表则是许多人渴望的另一个小机器，它不仅标示时间，同时还是身份的象征。相对于当时的收入水平，手表价格昂贵，手腕上戴一块手表往往表示成为一个具有独立经济收入的成人。很多场合，手表标志了男人考虑婚姻大事的资格。当然，相对体面的婚姻通常还要有缝纫机和自行车。这几种简陋的小机器有助于提高某些生活局部的质量。缝纫机主内，自行车主外。我在演讲之中提到，还有一批机器，通常的社会成员不可能拥有，但是，它们清晰地划分出生活的区域——我指的是武器系统，例如枪支、大炮或者坦克。一旦这些机器露面，就意味着正常的生活已经崩塌，动荡开始了，人们可能瞬间死于非命。这时，所有的生活可能性不得不被重新评估。

你可以从我的叙述发现一个现象：过去仅有少量的机器穿插在生活中，改善生活的某一个局部。然而，最近一二十年，生活中的各种小机器急速增加，家里的遥控器和充电器四处散落，甚至相互混淆。我的感觉是，事情似乎正在颠倒过来：不是机器穿插于生活中,而是机器制造出各种生活。机器正在设置生活的各个方面,我们只能存活于机器程序提供的空间里。机器的密集包围同时让我感到了不安。不过,我没有在你那里察觉到任何不安,在你看来,一切都是顺理成章的吗?

夏无双: 为什么要不安啊?机器明明让我们的生活变得很方便了,比如可以用手机付款、订餐、购票、叫车——逛街现在都不用带钱包了,用手机扫什么就买到什么,您年轻时能信?不是有新闻说,某个地方连乞丐都举着二维码讨钱了,多好玩。现在要是不让用机器,我会觉得很不适应啊。我还希望以后推出什么打扫卫生和煮饭煮菜机器人,拯救一下我们这种做饭手残党。

南帆: 我想说的一个观点就是,对于你们来说,传媒生活代替了真实的生活。至少你们不会觉得,后者是生活本身,前者仅仅是后者的映像。你们这代人心目中,二者仿佛等量齐观。"别整天盯着手机或者电脑,快干一些正事去!"这句话我们老是气急败坏地重复,你耳朵应该都听出茧子来了。即使你不说,我也知道回答一定是："这不就是生活吗？哪有更多的所谓正事？"在你们看来，手机或者电脑里的搞笑视频或者影视八卦和身边的日常生活似乎根本不存在界限，完全是现实的一个组成部分，跟你们有着千丝万缕的关系，所以，过马路或者吃饭时眼睛都盯住手机，边看还边哧哧发笑。屏幕里的世界是不是真的比身边的人和物精彩，以至于你们如此沉迷不休？

夏无双：没有沉迷啊，就是看一点好玩的而已嘛。有的时候就是看看别人遇见了什么奇葩人或者奇葩事情，毕竟我的日常生活很"普通"啊。以前这种杂七杂八的事，你们在报纸上看，现在不都是转到手机微信、微博还有电脑上看吗？纸质媒体变成新媒体而已嘛。

南帆：新媒体崛起确实是不争的事实，我当然也感受到各种机器带来的诸多便利，每天随身携带手机，靠它与外界保持联系，但我却不愿意把所有的决定都交给机器。比如驾车去一个陌生地方的时候，你总是用手机导航，而我却更愿意下车问路。你有没有发现，一旦手机导错了路，我总是相当幸灾乐祸？我同时意识到一个问题：为什么你们这一代人如此信任没有生命的冰冷机器，而不是作为同类的人？

夏无双：因为现在跟你们以前不一样，以前几十年啥都一动不动。现在无论城里还是乡下，到处变化都非常快，动不动路就修了，路边标识性很强的房子就拆了，所以怎么办呢？导航就是我们的千里眼顺风耳，简直是神器啊，到哪都妥妥的。而且我选的是志玲姐姐的声音，志玲姐姐嗲嗲告诉你向左向右、上坡、拐匝道，这本身就是一种享受。虽然偶尔也会出错，毕竟概率很小，真的非常非常小，我就一次都没遇到过。就算错了，你可以反馈说它报错了，软件会因此给你充话费表示道歉。这么好的东西摆在那里，您不用，非得下车问，被问的人心里会不会笑您low？我猜肯定会。其实就是问了又怎么样，大部分人也不懂啊，他们会说：不知道啊，你导航看看吧，是不是？又回到导航上了。反正我觉得现在大家都被导航宠惯了，对它依赖性很强，它确实很方便啊，不用是您的损失。

南帆：至少我必须坚持一段，不想和你的志玲姐姐打交道。

我以前曾经说过，电视是许多人生活中的上帝，他们几乎是按照电视发布的各种观点安排自己的生活，包括如何选择饮食，如何选择服装款式，如何谈恋爱或者如何保健。而对于你们这一代年轻人，互联网毫无疑问已经代替了电视机。你们的所有信息差不多都来自网上，换一句话说，互联网正在重新塑造你们的生活模式。你有没有发现，互联网与电视存在一个重要的区别：前者更多地提供了个性化的空间。人们可以在互联网上挑选自己需要的信息，同时，互联网还包含强大的互动功能。网上冲浪的个体并非被动的，而是有很大的自主性。这一切都形成了一种观念：互联网只是一个单纯的工具，我们的生活模式并非互联网设计的，而是我们自己的意愿。至少在表面上，机器十分擅长讨好我们。比如，卡拉OK的设备越来越普及，那么多没有机会登上舞台的人可以在家中获得一展歌喉的机会，机器满足了自我表现的小小虚荣心。还有手机上的"美图秀秀"，每一个人都可以被修饰得貌若天仙，我们大方地接纳了机器奉献的虚伪。可是，真实在哪里？这个概念重要吗？

夏无双：我觉得不重要啊，做人没有虚荣心和咸鱼有什么区别！您觉得照片不修不调色，那么丑丑的对得起自己吗？不是人人都是摄影大师，照片拍出来就光美、构图好、色彩明亮又顺眼；也不是人人都是模特儿，模特都是千里挑一的，他们个个大长腿，脸蛋又美如画。而现实中，大部分人都是"路人甲"而已。把自己P得漂亮点没什么不对，磨一磨皮，皮肤就一点瑕疵都没有了；调一调色，再平庸的光影也马上跟仙境似的。大家明明都是高兴了才会去拍照片，P了之后把好看的照片留下来，让自己看着心里爽爽的，活着都特别带劲，特别有自信，多好啊。反正又不是证件照和寻人启事用的照片，看着跟本人有差距也没什么要紧。大部分人对自己的长相都不满意，真实其实挺让人生气的，不是吗？对了，据我所知，连天生那么丽质的明星，也都有专业修图团队，P没P过的照片，天壤之别。我在北京电影学院上学时，全校女生住在同一幢楼里，可以很方便就看到表演系那些同学的素颜，后来在银幕或者照片上再看到她们，也完全有两个人的感觉。在这样的时代，别人都P，你不P，是不是太亏了？我觉得做人嘛，人品真实就行了，照片跟人品一毛钱关系都没有。

南帆： 为什么真实是重要的？因为这种真实未经人工操纵。好也罢，坏也罢，我们与自然直面相对。人工设计的世界必须接受一系列追问：谁的设计？这种设计对谁有利？所以，我对互联网一直保持警觉。网上的所有信息仍然来自某一个作者的叙述，作者的倾向和观念往往潜在地影响上网的网民。我们遇到的仍然是一个经过编辑的世界，不管这种编辑多么隐蔽。总之，互联网上出现的一切仍然可能与个人的真正体验存在距离。由于传媒的巨大威望，个人的体验往往被传媒吞噬、没收，无形地放弃了"自我"。另一方面，互联网世界多大程度上是软件工程师的作品？我们是在他们格式化的世界里生活吗？事实上，这也是电影《黑客帝国》的重要主题。

当然，所有的人都应该承认，互联网的出现极大地打开了个人认识世界的视野，扩充了个人的经验范围，然而，我们必须始终意识到，信息并非事实"本身"，信息呈现的时候已经事先植入了观点。人们可以接受这种观点，也可以反对这种观点——我要说的是，必须意识到观点的事先存在。

对于绘画——甚至对于所有的艺术——说来，

这个事实表明：你在网络上看到的风景已经不是第一手的发现。如何在形形色色的自然景观之中敏锐地发现美、发现自己的独特主题？可以借助机器拓宽视野，同时又要有摆脱机器限制的意识。如今，由于电视或者互联网如此强大，摆脱它们已经成为一件十分费力的事情。

夏无双：我从来没打算刻意摆脱什么，可能因为我懒呗，反正该怎么样就怎么样，就是再不愿意，再舍不得，也接受就是了，不要强拗。任何事情顺其自然不是最好的吗？而关于互联网这件事，要是想摆脱，其实已经在心里先把它当对立面了，可是我一点都没觉得它们有什么不好，相反，生在这个互联网飞速发展的时代简直是太好太幸运了。至于您所说的独特主题，文学与绘画可能有一点不一样吧？画家看人、事、景真的跟作家是不同的，我跟我妈就常常差别很大，比如同一座山，她瞥一眼会说，唉，这山比她早到世上多少亿年，又将比她迟死几万几亿年，说着说着就伤感了。我呢，我如果看到山很美，会说，哇，这山形状很特别啊，陡峭得好有形，起伏得很有范儿，越说越开心，诸如此类。画画的人从小接受的训练都是用眼睛捕捉景物的形状、光影、结构、色彩，等等。包括从互联网里看到的自然景观也一样，发现特别美的，我会把图存下来或者记到脑子里，需要的时候，再运用绘画技巧和构图组合起来。有些画先有主题，然后围绕这个主题进行构思，比如我的"十大行星系列"就是这样。但有的时候却不一定非要画什么主题，经常是脑子里忽然浮现一个画面的细节，然后根据这个细节把画面补充完整，一点点画下来，边画就会边浮现一个主题，然后把它们画成一个系列。另外，您也知道我很贪睡，但半点不假，有些画我真的就是在梦里看到的，醒来连忙把它画出来。总之，相比较而言，画画的人可能更感性吧？这个我也说不太清楚。

南帆： 电视、互联网都是极为强大的传播体系，它们提供的新型传播模式已经开始影响文学艺术的生产方式。总体而言，愈来愈先进的传播体系不断地削减艺术的贵族气和精英性质。法兰克福学派的本雅明曾经在《机械复制时代的艺术》这篇长文里讨论过这个问题。无论是报纸、平装书还是电视或者互联网，总之，艺术的传播与复制愈来愈容易，艺术不再掌控在少数精英手里，多数社会成员可以轻而易举地接触和了解。当然，本雅明同时指出，艺术日趋平民化之际，作品之中某些神秘的品质似乎消失了。

本雅明这篇论文是大半个世纪之前写的，照相机的出现给他带来了很大的触动，引起了他的思考。现在已经进入网络时代，本雅明当时意识到的一些特征现在已经非常明显。我们至少可以看到，互联网时代的艺术增添了多种展示的方式，许多人选择自媒体展示，这带来了两种后果：一方面，各种民间的、俚俗的、边缘化的，或者前卫的、探索性的、非主流的艺术方式获得了更多的表现机会；另一方面，良莠不齐、鱼龙混杂的现象极为突出。互联网几乎是一个没有门槛的空间，所有的人都可以进入。这将对艺术的发展产生什么后果？我相信这是一个深刻的问题。

夏无双：既然互联网无孔不入，艺术当然也不可能避免。通过网络，艺术传播现在真的很方便，自媒体展示的空间也非常多，国内外有很多专门的绘画网站，你只要注册一个ID，就可以把自己的画传到这个网站上给大家观赏，评论留言也是开放的，别人七嘴八舌怎么说都可以。这些画大部分是绘画爱好者画的同人作品，原创的成分不高。就算是原创，人物肖像类的作品还是居多。这些作品跟传统的绘画作品区别很大，大部分还是自娱自乐，给自己找点观众，刷刷存在感，并不具有太大的商业价值，更不是为了成名成家。具有商业价值的作品还是需要业内专业人士的认可，这和以前的艺术传播模式是一样的。

南帆： 我要强调一种观念：来自传媒的景象不是真实的。传媒之中的内容是生活的一个部分，亲身体验的是生活的另一个部分。前者是虚浮的，仿佛是一种遥远的传闻；亲身体验的事情当然不多，然而，这才是真正的真实。3D图像里的那一棵树还是与路边那一棵伸手可以摸到的树不同吧？对我说来，多么逼真的影像符号仍然存在异己之感。也许，你们对于真实性确实不那么介意。也许，你们对于真实与否的界限不是根据是传媒的内容还是真实体验的内容来划分。你可能觉得，图片或者影像不是同样真实吗？许多时候，传媒之中的景象甚至比个人感受到的东西更逼真、更细致、更丰富。

好吧，那我只能换一种表述：不论如何逼真、细致、丰富，传媒里的内容毕竟是别人的故事——尽管别人的故事可能比自己的体验更精彩。为什么那些自娱自乐的作品原创程度不高？一个重要的原因就是，被别人的故事套住了。自己的笔，画出了别人的主题，自己的喉咙，唱出了别人的心声。

夏无双：从哪里得到什么样的体验，其实关键还在于体验者本身吧，把体验到的东西怎么表达出来，更得靠各自的能力和才气。很多时候艺术表达的不过是个人感受，比如达利和毕加索，一个是超现实，一个是结构主义，他们的作品从色彩到主体到构图到细节看起来一点也不真实，但是都从真实的生活里得到的灵感，然后进行个人独特的艺术阐述。而19世纪影响巨大的印象派，他们虽然也追求真实，却是画家内心艺术性的真实感受。比如莫奈画的那组著名的"睡莲系列"。2014年秋天我到他故居，还特地观察了房子前的那个池塘，浮在上面的睡莲跟我们平时所见的并没什么两样，但莫奈却可以画出五颜六色千奇百怪来，明明紫色的睡莲，却画出黄色、红色，每一张色泽、光影、明暗都不一样，它们是莫奈心中真实的光影和色彩印象。对于艺术来说真实与否其实根本不重要，前面的问题也一直在讨论真实性，您为什么这么在意真实这个问题啊？

南帆： 可能是多年来的文化习惯吧。我时常考察自己所置身的社会历史，究竟双脚踩在真实的地面上，还是沉溺于某种幻觉之中？正像之前所说的那样，文学艺术是以另一种方式展示社会历史，艺术形式甚至展示出比日常现象还要深刻的社会历史。这是我理解达利和毕加索的方式，也是我反复纠缠真实问题的原因。

与电视、互联网比较，电影似乎比较特殊。电视、互联网犹如日常生活的组成部分，与日常生活水乳交融。电影与传统的艺术更为接近，往往开辟出一个独特的空间。关在黑暗的电影院里面，我们暂时与日常生活隔绝开来了，银幕上仿佛是另一个世界。你是电影学院毕业的，对于电影肯定比较有感觉，是否痴迷于某一类型的电影？

夏无双： 上大学时，看电影是电影学院的必修课，老师给我们列出一大串经典片子的名单，让我们自己找时间观看。所以这些年我接触了蛮多好电影的，虽然也不是所有类型的电影都喜欢，比如，我不看惊悚、恐怖和青春电影。惊悚和恐怖的电影太吓人，我不敢看，青春片好幼稚太假了我不想看。我喜欢悬疑、推理、科幻和魔幻类型的。喜欢悬疑、推理是因为从小就喜欢推理小说，觉得案件的探索很有趣味，很烧脑力，喜欢根据线索推测情节的结局，无论是恰好猜中还是完全出乎意料，都很兴奋。

另外，也喜欢科幻或者魔幻的电影。小时候喜欢看天文方面的科普书，这些书有时要提起种种星座，进而延伸到古希腊神话。虽然那些神的名字很长，大部分记不住，但是，许多情节让我印象深刻。我是从《封神演义》里面了解中国神话的，虽然我最初所读到的《封神演义》是日本改编的漫画作品，作品中的人物性格已经很大程度地"日本化"了，但是仍然非常有趣，有唱KTV的妲己、穿着太空服的青年太上老君、看起来二十多岁的姜太公，还有打扮得像马戏团小丑一样的申公豹等。每个人物都跟中国原版《封神演义》里描写的大相径庭，但是，故事的主线还是一样的。我愿意相信外星人、平行宇宙这类传说，所以觉得科幻或者魔幻电影也很有趣，感觉生命一下子向未来延伸了，人生不仅仅只有短短的几十年，而是无限丰富漫长。这种感觉是不是特别让人愉快？看过这些电影，感觉自己就是活在未来，也很有真实感。

南帆：真实感？我觉得科幻或者魔幻电影最缺乏的就是真实感。比如《哈利·波特》，偶尔在电视机里遇到《哈利·波特》，我就会以最快的速度转频道，无聊的小把戏，与生活没有任何联系。

夏无双：《哈利·波特》算魔幻类型。我喜欢这个作品，因为它有非常完整的世界观和历史观，作者完全架构出一个完整世界历史，小时候我反复问过我妈：为什么你写不出这样的书？她对我瞪眼睛，可能以为我在讽刺她，其实我是认真的，我真的觉得要是J.K.罗琳就是她该有多好。我喜欢的魔幻类书《哈利·波特》算是一个，《五星物语》算另一个。当然《五星物语》的世界更大，历史更长更完整，已经不是我们宇宙发生的故事，作者直接架构了一个新的宇宙。《哈利·波特》讲的则是存在于我们地球上的魔法世界。我很喜欢魔法，所以《哈利·波特》一、二、三部刚推出时，我曾反复看了六遍。第四部中译本还没出版时，我等不及了，竟自不量力地买了英文版，对着字典看。而且跟看过《哈利·波特》的小伙伴一样，我也一直很希望能收到霍格沃兹的入学通知书。对了，那时我还让外婆用黑丝绒给我做了一件巫师袍，直接穿进教室。还让外婆帮我织了两条格兰芬多和斯莱特林学院的围巾，轮流着围。那时真疯狂，太着迷了。

南帆：我的童年时代没有《哈利·波特》，只有孙悟空——而且是口语版的，读不到原著。这并不重要，重要的是，种种神话式的想象早早地被截断了。我喜欢孙悟空一个筋斗十万八千里与你们喜欢哈利·波特的魔法相似，甚至还喜欢过《水浒传》中的"神行太保"戴宗。但是，现实很快没收了幻想的权利，我们很快成为"清醒"的现实主义者。许多问题的考虑必须选择"清醒"的现实主义的视角。考虑社会历史问题、考虑人生道路乃至考虑文学艺术的时候，现实可行性成为一个不可缺少的标准。你们可以纵容自己天马行空的想象，据说你小时候热爱的未来职业曾经是考古学家、天文学家和法医——我实在看不出来这些职业之间存在哪些必然的逻辑关系。

夏无双：当天文学家是因为我小时候看了叶永烈老师写的《十万个为什么》——这套书真的对我影响挺大的，世界上原来有这么多这么好玩的问题啊。2013年我在海南岛见到叶永烈老师时，挺吃惊的，他看着很普通啊，白头发，个子不高，笑得温和厚道。这套书涉及的内容很多，但我对天文和考古最感兴趣。小时候还看了很多这方面的科普书以及纪录片，比如《Discovery》，就特别着迷。现在对这方面仍然有很大的兴趣，感觉宇宙很震撼，太神秘莫测了，无限宽广，无边无际，相比较人类就渺小了。虽然如果真要是让我去外太空环游，肯定不敢，会吓个半死，但是，通过图片或者纪录片看那些星云、超新星爆发以及模拟黑洞的形成和发展最终趋势等，都非常有趣。通过科学家的演算、模拟，我觉得自己真的能穿越时间，看到宇宙和时间的终点，这多么让人兴奋向往啊。

另外，小时候我确实也很想当考古学家，但是我妈吓唬说，当考古学家整天在野外跑，会晒得很黑。我那时皮肤已经黑得不成样，天天想如何美白，内心就留下了很大的阴影，从此把考古抛之脑后，只

· 珊瑚 ·

· 水彩十大行星之金星 ·

· 太阳系系列之世界 ·

能靠看纪录片来成为考古脑补学家哈。为什么喜欢考古学家？因为我对古代很好奇啊……

南帆： 古代没有你所迷恋的手机、汽车、飞机、电灯、电视，你的好奇从何而来？

夏无双： 最初是觉得古代女孩子的衣服和首饰非常漂亮，长裙宽袖，环佩叮咚，直到现在依旧觉得很美很美。以前电视里有很多古装电视剧，比如《三国演义》《还珠格格》《铁齿铜牙纪晓岚》《少年包青天》等，可能看多了，不知不觉就入戏了，所以对于戏中人物生活过的那段历史非常好奇。尤其是《三国演义》，日本人根据这部小说连续制作了几代《三国无双》游戏，我这款游戏打得特别好，大学同学就开始喊我"无双""夏无双"，后来我就干脆把这当成笔名了。游戏打多了，就特别渴望了解小说究竟是怎么写的，所以《三国演义》我看了好多遍，连《三国志》也翻出来看了。所以打游戏真的不见得都是你们所认为的那么负面，而且作为画画的人，我们也可以从游戏画面上，学到很多三维四维的场面构图。

最让我妈受不了的是我想当法医。当然，一般人都会觉得当法医是一件很恐怖的事情。九十年代末香港 TVB 翡翠台不是有部电视剧叫《鉴证实录》吗？讲的是一个叫聂宝言的女法医与警探如何鉴定、破案的故事，陈慧珊、林保怡、李珊珊、钟丽淇、陈美琪等一堆大牌主演的。那时这部剧好火，我也追过。其实，法医在那时候看来，和侦探、刑警区别并不大，都是能够参与案件的推理破案，神通广大，智力超众，总是能通过蛛丝马迹，让整个案件水落石出。我很喜欢这种过程，所以就萌生了当法医的念头。当然，如果问小时候的我想不想当侦探，我肯定也是想的，特别崇拜福尔摩斯，柯南·道尔的书应该全看遍了。但是，如果您问我想不想当刑警，那就算了。因为刑警要穿制服，不能穿小裙子，这对于小时候就喜欢臭美的我来说是一件非常无法接受的事。

南帆： 你说起大文、考古、法医时，我倒觉得很像是听一个男孩子表达理想，这些职业比较男性化。可是你这么快又回到裙子了，放弃一个职业的理由仅仅因为一条裙子，是不是有点儿让人啼笑皆非？其实考古和法医是亲历世界的两种特殊方式，细究起来，考古是亲历历史，人们不再满足于阅读史书，而是用手触摸埋藏在地底下的某一小块历史碎片；法医则是亲历案件，分析和推理之外，法医常常是到尸体中寻找直接证据，也是要用手触摸尸体的。可是，在你那里，两种亲历方式仅仅发生于传媒制造的想象中。

你们这种想象生活的方式还可以解释一个困扰我很久的疑惑——为什么你们这一代人如此喜爱电子游戏，荒废学业，废寝忘食，甚至丧失了与亲人沟通交流的兴趣。那个虚拟的世界为什么具有这么强大的吸引力？在你们心目中，虚拟世界与现实生活之间的差别不重要，软件工程师可以把虚拟世界设计得趣味横生，于是，那个乏味的现实生活就抛到脑后去了。当然，许多时候，你们感受不到现实生活包含的真正压力，或者说，你们有条件屏蔽现实生活的压力。为什么电子游戏无法吸引我？我觉得这种虚拟空间与现实生活没有多少联系。我很想重复的是那句话：为什么为这种没有营养的玩意儿投入这么多的时间和精力？

夏无双：终于忍不住了吧——您问了一串问题，其实还是指责我们玩游戏，呵呵。我觉得并不是什么都要和现实生活联系起来，你们大人总是想多了。游戏好玩啊，就这么简单，不好玩为啥能吸引全球那么多人？我记得当年艺考，我同时过了北京电影学院游戏设计和电脑动画两个专业的录取线，我个人其实更倾向学游戏，是您认为游戏这个专业太害人了，而且推断它也不能持久，所以非让我去学电脑动画不可。事实上，游戏如今越来越火，火得没边了。我觉得您不喜欢是因为您没学会怎么玩，无法操作它，所以产生排斥。

南帆： 我反对你学游戏设计，还有一个原因是觉得这多半是男孩的爱好，女孩不会有多大兴趣。没想到虽然你没有从事这个专业，但是仍然成为一个游戏爱好者。你算不算特例？

夏无双： 完全不算啊，现在女孩子坑游戏真的非常普遍，我周围几乎没有哪位闺密居然没碰过游戏的，这不可能啊，只是玩的程度不同而已。其实我玩得也不算多，而且不是所有游戏都喜欢，我比较喜欢ACT（动作游戏）和JRPG（日式角色扮演游戏）。动作游戏玩起来很爽快，提着刀砍人、闪躲、小技能，比较考验反应力。RPG 游戏剧情分量比较重，一边刷刷刷一边看剧情，比较休闲。最好玩的是 ARPG，这两种类型相结合，比如《伊苏》系列，除了Ⅰ和Ⅱ，我还玩过第八代，每代我都觉得特别吸引人。在大学时候，我曾把这款游戏推荐给隔壁宿舍的同学，她通关之后表示再也不玩它了，不是因为不好玩，而是太好玩了，每天除了吃饭睡觉就想玩，这个状态持续到她打通关了才罢休，然后她意识到太费时间精力了，赶紧把自己从中拖出来。玩游戏的时候，挑战的 boss 越难，战胜它们越有快感。很多动作游戏的最终 boss 难度非常高，对抗不了三四下就 game over。所以，通关之后的成就感特别强，心里美滋滋的。对我们来说，这也是挑战自己和认识自己的一个路径。

南帆： 精神分析学的观念是，玩游戏就是在另一个虚拟空间短暂地抛开现实生活的压力。不管 boss 多么强大，战胜它的可能仍然比翻越现实容易。游戏中的英雄与成功可以制造出另一种补偿性的满足。当然，许多年轻人还是有责任心的，他们知道游戏中的英雄与成功无法真正转移到现实中,因此,他们对于投入那么多的时间与精力感到了内疚。这时,某些大学提出开设游戏专业,培养游戏人才,论证说游戏高手可以成为金融人才乃至军事人才,于是这些年轻人欢呼雀跃,趋之若鹜,这种现象背后隐藏的秘密观念是:游戏中浪费的时间与精力终于转换为正经的社会事务了。

我确实没打过游戏,也没兴趣尝试,但我发现现在游戏图像的制作愈来愈逼真。有个疑问我一直有点儿好奇:到底是人物造型吸引你们,还是双方相互角逐的情节?

夏无双:对我来说,首先得看人物设定,人物好看的我才去看游戏类型和内容。但是,一款游戏最核心的部分是游戏系统,和人物、情节都没多大的关系,游戏系统决定了一款游戏的成败。游戏系统包括了游戏的操作、角色的升级、角色的装备、画面的设计、视角的设计转变等。系统的特征一般跟这个负责游戏的制作组及制作人息息相关,一个制作人的"家族"游戏操作起来很快可以融会贯通,越有名的制作人的游戏,个人风格越强烈。

我最喜欢的一个制作人是日本的神谷英树，他只作动作游戏，他所有的游戏剧本都是自己写的。正剧里带有黑色幽默的风格，而且都有一种很强烈的夸张华丽，不仅人物造型夸张，武器夸张，人物的动作、打斗也很华丽。这是他所有游戏的一个共同点，气场好大，哪怕玩的是他们制作组接的外包作品，仍然可以感受到他的存在。

其实游戏画面的仿真程度不影响一款游戏的销量。有的游戏画面很一般，或者是平面的伪2D风格，但是，由于系统非常耐玩，依旧销量很高。譬如《口袋妖怪》系列、《逆转裁判》系列、《冒险岛》等众多经典的游戏。有的游戏画面非常逼真，但是，游戏系统很平庸，不断重复，整款游戏让人想睡觉，譬如《教团1913》《最终幻想15》等。智慧含量不够的作品，是无法引起我们的激情的。

南帆：我想问一句，很多年轻人，包括你在内，都热衷于cosplay，这是不是可以视为这些游戏的变种？你们扮演各种人物造型，获得的是哪一种满足？

夏无双：我觉得没有，最多是游戏的延伸吧。某款游戏打过了之后，里头的人物就变得熟悉起来，有了好奇。我喜欢 cosplay 就是因为我喜欢这个角色和他们的服装造型。我出过很多角色的 cos，从《三国无双》系列到小众的《五星物语》，还有《犬夜叉》《秦时明月》《猎天使魔女》《高达 SEED》等。因为平时都不会穿到这些奇怪的衣服，所以我一般 cos 的造型都比较奇怪、夸张，而且我还很喜欢古装，各个国家的古装，特别是我们中国的。我常觉得现代人的服装很普通，而每个国家的古代服饰却特别好看，华丽丽的，多姿多彩，太让人神往了。比如欧洲中世纪女人勒小腰、钢丝撑大的长裙，好多蕾丝点缀着，身材凹凸有致，多有女人味啊，所以在 cosplay 中我一般都会去尝试一下。目前我已经试过中国、日本、英国、法国的古装，我还很想试试古埃及、古希腊还有古印度的。这些衣服我一般都是自己做，一年做一两套，然后拍出来的照片后期也是自己动手，不用花什么钱，更没花多少时间，算给生活添些小趣味吧。

南帆： 自己做衣服？这就又涉及另一种机器，就是缝纫机。

夏无双： 对，几年前我偷偷买了一台电动缝纫机，平时藏到床铺底下,需要时才搬到桌子上。从剪裁到缝制都是自己完成的,也算无师自通吧。现在cosplay拍得少了,衣服做得也少了,主要是没时间,当然热情也没以前高了。

南帆: 以前女红是每个女孩子的基本功,你学习这一手居然是为了cosplay。

让我们换一个话题。据说现在已经设计出写小说、写诗和绘画的软件,人工智能已经能够绘画,你对这个动向感兴趣吗?你的绘画多大程度上允许机器介入?

我看到一个视频,人工智能控制的机械手握住一管毛笔在宣纸上书写,机械手的书法水平还相当可以。当然,这种书写不是即兴的,而是来自计算机的操作:大师经典的书法作品将被事先存入数据库,人工智能根据某种原则指挥机械手工作,一幅机械书法由此诞生。绘画作品的生产过程大致相似。计算机可以贮存大量经典的绘画作品,然后在这些作品的基础上综合出一幅新作。按照我的想象,生产那些注重线条、色块的现代主义作品似乎更容易些。有人认为,这种绘画是对于大师的拙劣模仿,甚至是剽窃。但是，软件工程师可以加入各种偏离参数，这将很大程度摆脱单纯的模仿。

夏无双：绘画现在也有很多用机器的地方啊，不是电脑绘画，手绘的画布是机器做的，颜料是机器搅拌分装的，笔、调色盘、油都是机器做的，手工的产量是跟不上的。机器并不可怕，机器让我们的生活更加便捷了啊，多好啊！

我不是很了解人工智能绘画。我认为人工智能可以制作或者重复、复制绘画或者书法作品，但是，很难有突破性的艺术创新。计算机里储存的是经典绘画，在这些绘画里提取元素，再由人工智能组合拼贴，这种作品只能在某种画作流派中间提高。人工智能能把一个自古就有的方法做到极致，但是不能创造出新的流派和新的技法。所以，当一个作品是用之前完全没见过的方式来表达的时候，一般都是人工创造的。人工智能只是对于之前原有事物的再创作，而艺术很大程度取决于创新。

南帆：通常的意义上，我也这么认为。现在的问题是，人工智能能不能越过一条界线：从单纯的学习、模仿到产生独特的创造。"阿尔法狗"在围棋上的成功显示了这一点。我记得曾经看过一个报道：两台机器人甚至发展出自己的独特语言，人类无法知悉它们正在交流什么。正如许多科学家意识到的那样，这一点很可怕，说不定哪一天人类就管不住人工智能的机器人了——甚至连拔掉电源都来不及。当前许多电影已经涉猎这个主题。

据说微软公司开发出一个可以聊天和写诗的机器人，名字叫"小冰"。"小冰"发表的第一部诗集是《阳光失了玻璃窗》。那些听说了这个消息的诗人不怎么开心，他们担心"小冰"会成为诗歌的终结者。我想，他们真正担心的是诗人的消失——诗歌并没有损失什么。只要拥有完美的质量，读者不在乎一首诗来自诗人的灵感还是来自软件的组织功能。对于消费者来说，手工制作的面包不会比机器烘烤的面包可口。你的感觉如何？如果察觉到眼前这一幅绘画作品不是来自某一个画家，而是人工智能的作品，你会减少自己的景仰之情，甚至产生反感吗？

夏无双：不会反感，真的一点都没有。因为如果我很欣赏一个作品，肯定是因为这个作品有着独一无二的某种特质，譬如构图、色彩、光影，这些对于人工或者人工智能来说性质没什么不同。人工智能对于这些元素的把控可能更优于手工绘画。我自己绘画创作的时候，碰到一时之间不知如何处理色彩间的关系，偶尔也会借助电脑来试一试画面颜色的平衡问题。这并不冲突，可以互补，所以我觉得人工智能挺好的，它弥补了我们脑力的不足，一下子让人变聪明进步了，战斗力爆表。

南帆：你在电影学院学过"玛雅"软件。先画出一匹马或者一只羊，设计好几个点，按一个确定键，一群马或者一群羊就会出现。换一句话说，这些绘画很大一部分是机器完成的。你对于机器生产的艺术是什么感觉？有心理障碍吗？

夏无双：没有障碍啊，我认为超级方便，能节省很多复杂的步骤，少走很多弯路，动画的制作周期也缩短了很多，人员更能节省。但是，这些动画的最初设计还是由人来设计啊，没有人的智慧，哪来的电脑绘画的工程啊。我真的认为这是个伟大的发明，巨了不起。

南帆：画家必须一笔一画地在画布上创作，而人工智却能轻松依靠软件实现画面。在你的心目中，二者的美学价值和艺术含量存在多大区别？后者还能保持艺术创作的快乐吗？我知道你也曾经在电脑手写板上画画，有否感觉与纸张上的绘画存在不同之处？

夏无双：差别当然有，手绘不可复制，不会出现一模一样的两幅画，而电脑绘制可以无限次复制。艺术含量我个人认为其实没有什么大的差别。电脑绘制仍然有艺术创作的快乐。不过，因为调整、修改很方便，所以画完一张大图没有特别的成就感。完成手绘的大幅作品就不一样，成就感特别强，自己会欣赏很久，简直想陶醉。

另一个问题是，电脑绘制的成本低，只需要一个手写板就可以了。手绘的成本却非常高，纸、笔、颜料，大大小小的东西都是不能循环使用的产品，消耗量很大，长期画下来非常烧钱。

南帆：你这么说，让我联想到另一种情形：面对一张古人的绘画，人们高度重视真品与赝品的区别。除非鉴定专家，通常的画家很难区分二者，因此，二者之间的美学价值不存在明显的差异。这时,独一无二成为更为重要的标准,真品独一无二,赝品可以不断再生。"机械复制时代"正在使这个问题进一步显现——电脑是一个极其方便的工具。

事实上,这个问题已经延伸到很远的地方:不仅是艺术的独特性——而且,人的个体独特性正在被机器瓦解。未来的某一天,电脑或许能够合成曾经存在的某一个人,复制他的所有意识和记忆。人类能够对这种机器合成的产品产生爱恋、思念或者愤怒等感情吗?当然,问题的另一面是——机器人会产生独一无二的感情吗?机器人会爱上某一个人或者嫉妒另一个人吗?如果这些问题的答案都是肯定的,那么,人类将不得不重新评估机器人的能量——一只机械手远比一个人的胳膊强大,因此,机器人的爱与恨将会产生更为严重的后果。

夏无双:这个问题非常多的科幻电影、漫画都讨论过,我推荐您有机会可以去看一看,比如《人工智能》《机器管家》《终结者》《我,机器人》《我的机器人女友》等。据说《机械姬》也很不错,不过我还没看。

南帆：《机械姬》我看过，温情脉脉的甜蜜终于走向了恐怖，女机器人归根结底不是女人。我觉得，你们已经习惯地将机器视为一种生活伙伴，关系密切，简直须臾不可分离，比如，手机就像你们手中多出来的另一个手指头。非常奇怪的是，我发现你在画画的时候还可以旁听电脑里别人的打游戏解说，不觉得这是一种烦人的干扰吗？这是否意味着，你们的绘画不是全身心地投入？

夏无双：完全不会干扰啊，每个人画画的状态不一样，有的人需要非常安静，有的人会听歌，我是看游戏直播，而且我专门看一些话痨主播，因为我精神高度集中专心画画的时候会听不见周围的声音，当我回过神的时候这些主播讲个段子啦，搞笑什么的，我就当作放松一下，调剂下精神。画画不像你们文学写作，需要琢磨用词和描述，在构思好初稿后，我们手上功夫从小就接受训练，只需要下笔画就好了，手是老马，它自己会识途，看直播一点都不会干扰思路啊。听歌已经对我不管用了，我上学的时候是边听歌边唱边画画，但是这很容易口渴，后来我发现看直播更能专心画画。我收藏了好几个直播间，看他们播什么游戏决定看哪个，既不充值也不送礼物，更不发弹幕。

南帆：对了，你提到"弹幕"——多么古怪的趣味。屏幕里正上演着悲欢离合、生离死别的故事，屏幕上方一大堆人现场胡乱发表各种议论，一串一串密密麻麻的字幕绵绵不断地涌出。我就不明白你们哪有那么多眼睛可以把它们在一时之间全部看到，这难道不会破坏情节的气氛吗？特别是当剧情正演到悲惨万分或者激情澎湃之时？

夏无双：完全不会啊，每一行拉过去的弹幕上的字都能看得很清楚。我很喜欢看电影、电视剧或者综艺的弹幕，没有弹幕，所有的节目就一下子显得很无趣了！它们完全不干扰我看剧。我们都很讲规矩，就是"盗亦有道"的意思吧，很少有那种低素质的剧透弹幕，有的话大家会自觉举报，对方就会灰溜溜地收敛了。有时碰到看不懂的剧情，弹幕会给你科普或者追加解释；有时觉得这段戏很弱智或者演员表演很低级，马上就有共同感受的弹幕开始吐槽；我觉得有趣或者拍比较烂的地方，弹幕上也常常出现相同的评论，这时候就会有在茫茫人海中找到知音似的会心一笑。弹幕增加了我看剧的乐趣和认同感，这种感觉就好像是一堆志同道合、三观相近的朋友坐在一起观看，边看还边议论，七嘴八舌的，现场感非常强，一种海内存知己的感觉油然而生。而且很多时候，广大人民群众的智慧真是无敌的，那些神评论弹幕真是太好玩了，机智无比，反应神速，看了扑哧一笑，会笑好久，心情也跟着变得爽起来。所以为什么我们这一代"宅"的人特别多？因为我们仅仅一个人在家中看看剧，就有朋友遍天下的感觉，周围各种声音都有，一点都不寂寞。

南帆：这些生活细节让我再度察觉到两代人的差异。你们更接近机器，因而有可能就能更多地拥有未来。不过，机器真的能许诺一个美好前景吗？这不仅是许多人文知识分子的担忧，甚至也是许多科学家的担忧，当我们的生活越来越多地被冰冷的机器填满的时候……

夏无双：为什么您还认为机器是冰冷的？明明每天我们都受益无穷嘛，生活因为它们而变得更有意思了。您一天不拿手机试试？一想到以后机器会越来越多地给我们的生活带来很多意想不到的便利，就觉得活着真幸福啊。

南帆：好吧，就算它们真的丰富了我们的生活，但也因此越来越依赖它们。总结起来说，我们这一代人接纳了机器，却是心怀戒意地接受它们的殷勤服务，而你们却是兴高采烈地与机器为伍，和它们共同制造生活的乐趣。在你们眼里，老一代忧心忡忡，在我们眼里，年轻一代天真轻率。不过，我记得我们与我们的上一代仿佛也是如此，事实上，每一代人都必须独立地承担自己的命运，我们一起相信自己。

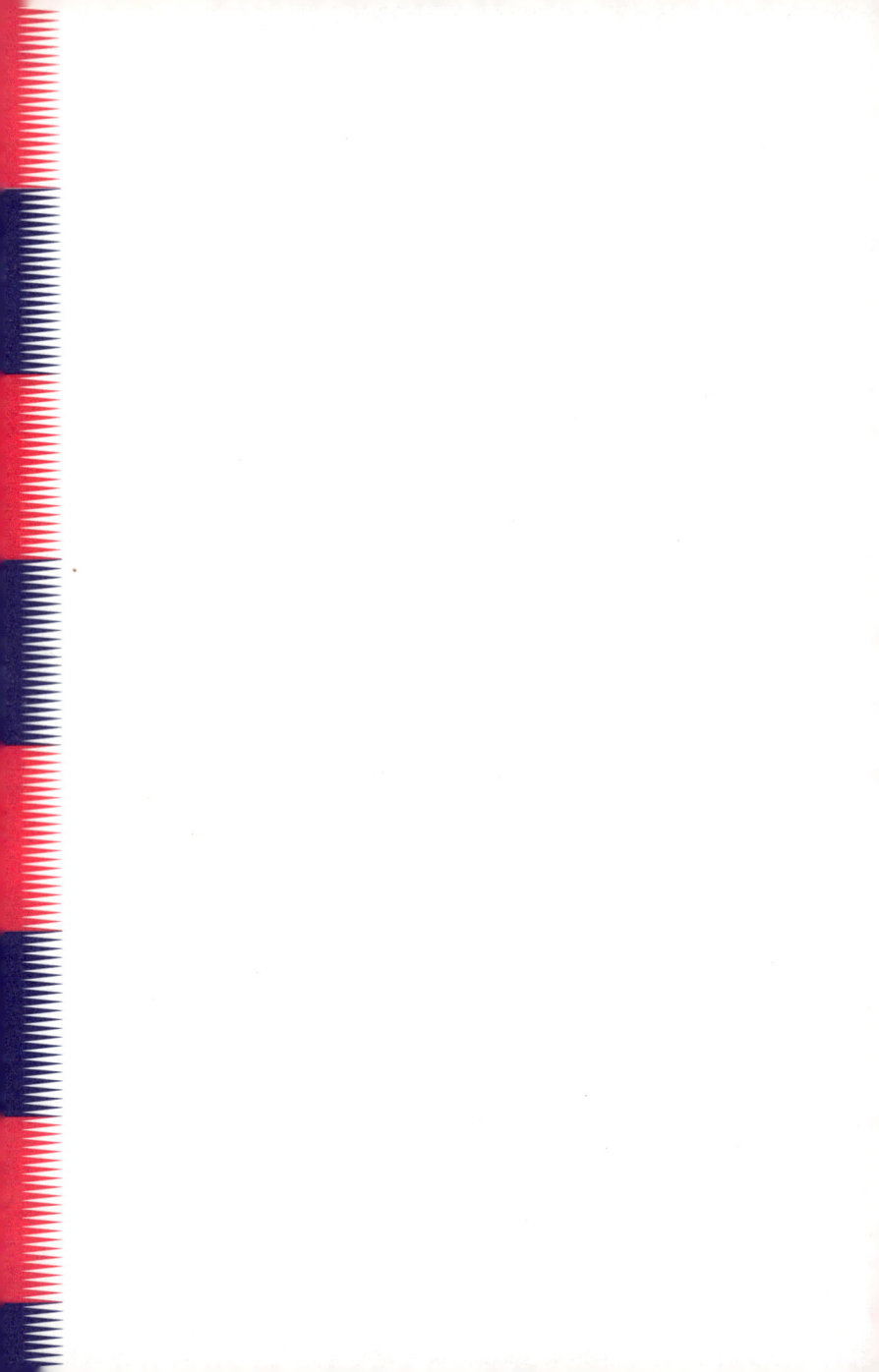

玩具与游戏

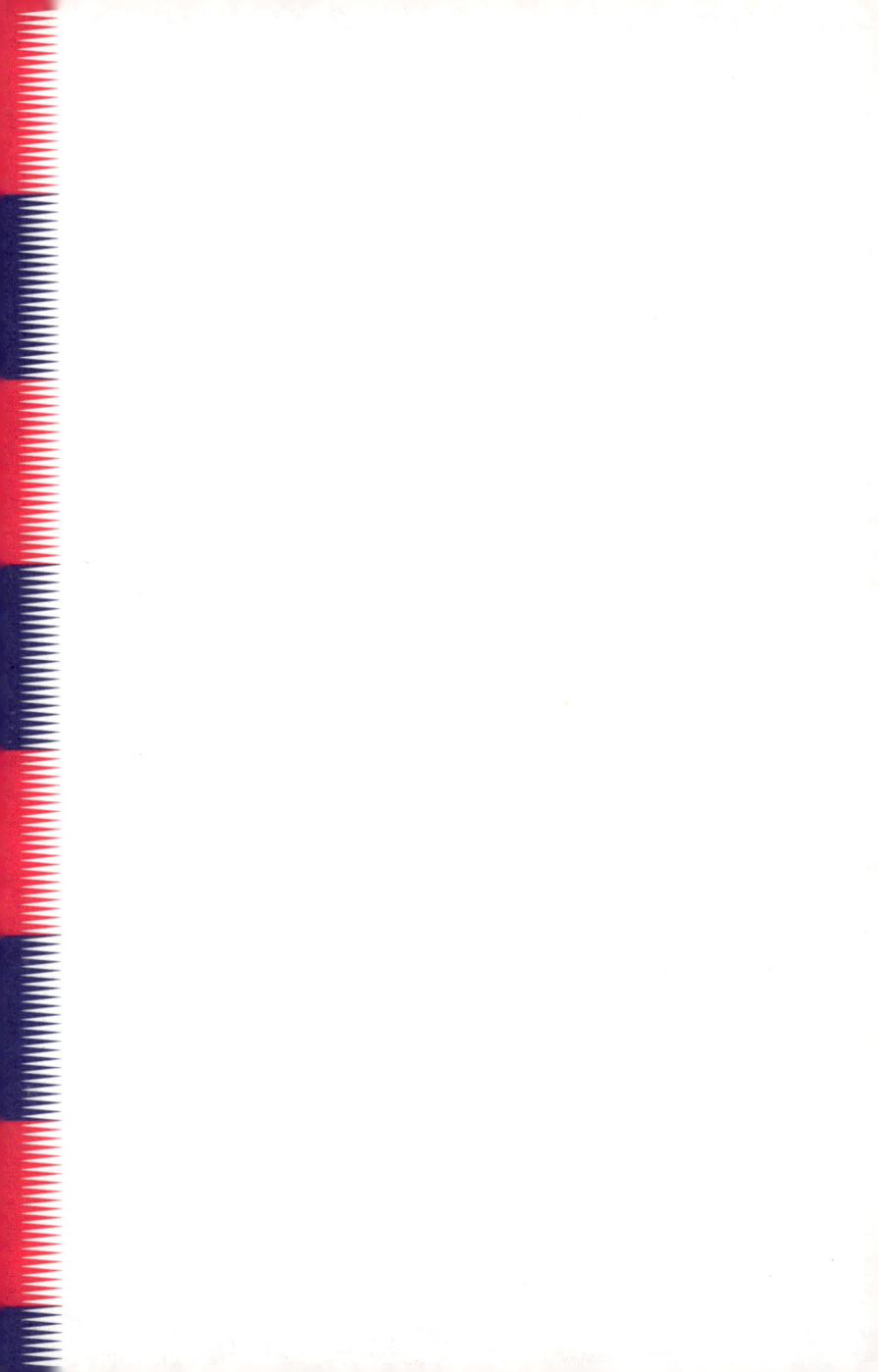

主持人语：在那么近，隔得那么远

每次填表格，"特长"那一栏我都有奋力写下两个动词的冲动，一是吃，二是玩。前者暂且不论，一个曾为长一斤肉比喜马拉雅山增高一毫米还困难而悲愤忧愁的瘦子，以为填入比三个太平洋更丰沛的营养液都不可能长出半厘脂肪，终于也有站在镜子前为一脸肥肉两腿瑟瑟发抖的一天了。月加半高压之下，第一个特长正不甘不愿地衰减中，然后仅剩下第二个。

在聆听南老师和夏老师这个讨论之前，我从未意识到玩具竟然存在性别倾向，也没想过它们对一个人的性情存在造就与影响功能。回望往昔，无论跳绳、踢毽子、"跑跑抓"，还是上树下河、扛枪射击、扔石块打土战，所有遍及那个时代的游玩之举，似乎我从来没有缺席过。欣欣然投身其间，花样百出，斗志弥坚，永不疲倦。那个在时光深处风一样奔跑的干瘦黝黑身子就这样呼啸重现了，野性盎然，动感汹涌。新鲜的生命与初升旭日同辉，在天地间摇曳沸腾，尽兴地撒野，纵情地绽放，这才是不被辜负的属于童年少年的正确时光啊。

但是仅仅间隔二三十年,新一代的生长姿势竟截然不同。很内疚,夏老师年幼时,正是我最竭力扑向文字,一腔热爱燃成烈焰时期。之前贫乏的日子如此漫长,猛然间世界的浩大迎面而来,日子的每一个缝隙里都书香诱人。此时文学不过是另一种全新的玩具,哗哗哗的书页翻动声替代了奔跑的脚步声,同样叫人百般陶醉。问题在于,却因此多么理直气壮地把她忽略了。给她吃好,让她穿好,再花钱把她送进舞蹈班、古筝班、书法班、绘画班,以为已将全部的幸福赐予,没料到多年后她的回忆里却有这么多的孤寂。

作为独生子女,她没有玩伴。

想到一个场面。某夜我塞给她几样动物玩具,然后就趴到稿纸上径直写字去了,中途偶尔瞥过两眼,看上去她也乐此不疲。过一阵忽然脚下耸动,低头一看,两岁多的夏老师正四肢着地趴在地板上睁着那双奇大的眼睛仰望着,谄媚讨好道:"妈妈你骑我吧,我当马给你骑。"一怔,大笑。后来我数次在朋友中聊天说起此事,着重点都放在童稚的天真可爱与不知天高地厚,如今却猛然有了另一种艰涩的滋味。是啊，整整二十年时光后，我才终于回过神来，那时她不顾一切奉上幼小之躯，其实是为了换取与之陪伴的一刻啊。

即使是母女，心灵间的距离仍然遥不可及。

所以，这一场对话其实探讨的是两代人迥异的成长路径与对尘世的感知方式。尽管各自有命，降生在什么时代都身不由己，但逼视一次，内省一下，或许彼此能更好地握手言和。

南帆： 今天的话题是玩具和游戏。

我们可以先各自回忆一下小时候玩过的玩具和游戏。滚铁圈、弹弓、玻璃珠子、香烟壳、跳方格、跳橡皮筋、抢沙包、踢毽子、捉迷藏、"跑跑抓"、踢铁锅，甚至还有一些智慧含量很高的游戏，例如"碰地雷"……这些几乎都是四五十年前我这一代人的玩具和游戏，我相信今后不会重新出现。这种回忆令人感慨。这些玩具和游戏从时间的深渊突如其来地浮现，让人栩栩如生地回想起童年的气息。可以说，玩具就是童年生命的一个组成部分。

夏无双：我读小学的时候，学校里也流行跳橡皮筋、沙包、毽子、跳方格呀，但是我都不太会，我懒，不怎么爱动，基本上是一个人在家看漫画，或者画画——对了，小学时我还有一个很特别的游戏，就是给毛绒玩具们上课。我把毛绒玩具一个一个地摆在地上，然后自己站在床上，像老师一样讲白天学到的课程，有语文有数学，总之颠三倒四地乱说一气，说错了反正它们也不懂。到了初中，我就开始玩电子游戏，第一个玩的游戏是 SEGA 的《樱花大战》，初一的整个暑假我都在玩这个游戏，初二玩的是《仙剑奇侠传三》，初三玩的是《古墓丽影》，偶尔还和同学去 KTV 唱歌——现在这还是我们的娱乐项目。相对你们来说，我们小时候没有兄弟姐妹可以一起玩，就得学会一个人在家自娱自乐。反正只要有电视就行，不吵不闹。当然，就是吵闹也没用，反正出门也找不到别人，同学们都一样窝在家里。我记得那时能说非常多的广告，都是跟着电视背下来的，张口就来。我妈把这种状况写进小说里了，就是那个中篇小说《王小二同学的爱情》吧，当时发表在《人民文学》上，后来还得了个什么奖。她投稿时，还把我平时随手画的几幅漫画当插图，结果一起在《人民文学》上登出来，那算是我的"处女作"了，很神奇的感觉。

南帆： 我相信没有太多的人从文化的意义上考察玩具，人们更愿意研究的是那些育儿知识或者儿童心理学之类。事实上，玩具在孩子的生活中占有很大的分量。童年的孤独时光，很大一部分是与玩具一起度过的。那个时候，我们不必在课后继续补课，也没有钢琴、绘画以及外语可学，玩具就是最好的伙伴。我童年时代只能拥有少量简陋的玩具，甚至有些是自己手工制作的，例如用木板、竹片制作手枪和刺刀——木头手枪涂上浓浓的墨汁，竹片刺刀包上香烟壳里的锡纸。有时我会突然开始想念这些简陋的玩具，它们是我童年时代最为真诚的伙伴。对于你们这一代独生子女而言，这可能有点儿匪夷所思。

夏无双： 确实有点儿难以想象，不过自己动手，是不是也挺有意思的？上面说了，我小时候的玩具基本上是毛绒玩具和布偶这两种，想不起还有其他什么。漫画书算不算玩具？那时真是看了非常多的漫画，每个月的零花钱尽量省下来，都拿去买漫画书了，不论是日本的《哆啦A梦》《美少女战士》《灌篮高手》或者《圣斗士星矢》，还是美国的《兔八哥》《唐老鸭》，甚至国内的《葫芦娃》《黑猫警长》，都看得滚瓜烂熟，可以说那些卡通主角就是我们童年最好的朋友。还有从小学三年级起，我就开始订阅北京的《少年漫画》杂志，一直看到初中毕业。这本杂志刊登了非常多的中国原创漫画，每期都盼着看。初二的时候去北京玩，我妈刚好有个朋友的太太在这家杂志社工作，我就求她带我去杂志社。那天真是非常激动，走路都有点儿飘，粉丝见偶像，一样一样的。回福州后还和小伙伴们炫耀，甚至上了高中，发现很多同学也曾看过《少年漫画》，我还把去过编辑部的事拿出来吹，把他们羡慕坏了。

南帆：我到百度上查了一下，现今的玩具真是琳琅满目。相信你看过《玩具总动员》这部电影。那个主人公拥有的玩具多得难以置信，虽然那是艺术夸张，但我知道你们这一代很多人都是在各式玩具包围中长大的，独生子女嘛，家长都舍得花钱买。可是某种程度上，我又隐隐地觉得这些玩具之间存在某种共同之处。当然，玩具似乎没有精确的定义，也没有精确规定的边界。一个瓶子可能是一个日常用具，可是，某种条件下也许它就成了玩具。不过，我更为感兴趣的是，形形色色的玩具内部似乎隐藏了些一脉相承的主题，这些主题与人们的童年经验存在隐蔽的联系。

夏无双：《玩具总动员》一、二、三部我都看过的，我觉得电影展示的就是一般男孩子都喜欢的玩具。两个主角迪克和巴斯光年都是男孩子小时候最向往的职业——牛仔与太空战士。另外，塑料兵人、猪猪储蓄罐、玩具狗、小汽车等剧中配角，也是和小男孩童年息息相关的。总之，这些玩具已经带有男性特征。当镜头给到女孩子的房间的时候，就会出现芭比娃娃、毛绒动物这种玩具，这算是一种比较类型化的概括了。如果展开分析它们与童年经验存在什么联系，这是你们理论家的事，我不懂啊。简单地理解，可能是大人的惯性吧，都懒得多想，反正店里摆的也都是这些，别人怎么买自己也怎么买。男孩子买刚一些的，女孩子买柔 些的。也许轮到我，将来给儿子和女儿买的玩具也这样——哦，到时候再说吧，说不定反着来哈哈。

南帆： 倒不一定非得反着来，中性一点说不定就别有意味了。一种常见的解释是，玩具是成人世界的初级模型。孩童无法完整地理解成人世界，玩具提供一个"童年版"的世界给予启蒙。积木搭盖的房子表示建筑物，塑料鸭子代表了家庭饲养的动物，绒毛缝制的兔子或者哈巴狗代表家庭的宠物，小轨道上的一列火车让孩童具有了奔赴远方的旅行概念，如此等等。这是孩童对于世界的初步了解，但这种解释细想也并不完整。日常生活中的另一些东西同样也可以提供知识，却并不适合当玩具，例如刷子、电灯开关、皮箱、笔、指甲剪，等等，至少，这些用品不能充当最有趣的玩具。从你的角度看，这里存在什么秘密吗？

夏无双：你举的这些例子里面有一部分是危险品，比如皮箱、笔和指甲剪，小朋友玩这些东西比较容易误伤自己，造成流血事件。其他的比如刷子、开关这种不具有能够提供持续趣味性的作用，不能吸引小朋友的注意力。我想，玩具的一个起码条件必须是有趣。可能您这样的读书狂人会说书最有趣啊，可是书这种东西比较有条件限制，太小了不识字，根本提不起兴趣。大一些之后看科普类的读物还是蛮不错的，内容如果能让人感兴趣，自然就可以成为玩具的一部分。我小时候就特别喜欢看关于天体物理、希腊神话之类的科普读物，还有关于地球的物种和自然环境变化的科普读物也看了无比多。没人玩，只好自己跟书玩。

南帆：这可能是我们两代人最大的不同了。我们那时学校没怎么上课，大家都有大把的时间可以撒野，有很多同伴玩，却找不到什么像样的书可看。我注意到如今几种玩具的"原型"，例如武器、娃娃、汽车。武器可以是古老的刀、剑，现代武器当然是枪。一个家庭经济较为宽裕的男孩甚至可以拥有一个武器库：手枪、冲锋枪、上刺刀的步枪，或者还会加上一两门大炮。这些玩具枪多半相当程度地仿真，不仅可以发出嗒嗒的声响，而且枪口的闪烁红光仿造的是子弹发射时的火光。我童年时代那些自制木头手枪，枪声必须依赖自己的嘴巴模仿。尽管如此，我可以一个人关在屋子里玩耍很长的时间，会想象一场激烈的战斗，我是一个神枪手，弹无虚发地击毙许多假想敌。现在当然明白，这是一种征服欲的想象性满足。孩童时代无法洞悉权力的征服形式，很少人能够像项羽那样早早地立下学习"万人敌"的雄心壮志。枪支的征服是十分直观的：站住，不准动，叭的一枪，那个不听话的家伙立即躺到了地上。这种形式隐藏了巨大的征服快感。

女孩子首选玩具应当是布娃娃，一般不会喜欢枪吧？

夏无双：我小时候反正没玩过枪，我就喜欢毛绒玩具、布偶，但毛太长的我不喜欢，摸久了会打结，毛太短的我也不喜欢，摸起来没手感，一定要是那种毛长五至十厘米左右具有毛茸茸手感的小动物。大学之后我开始喜欢一个德国的品牌，这家的布偶我大概有十几个，都是 M 号的大小，无论是狗、狼还是狐狸，都设计得非常蠢萌生动，又自带喜感，让人过目不忘，这也是它们家产品能畅销全球的原因。我大学室友以及隔壁宿舍的同学陆续都被我影响了，基本人手三四个。哈，这个牌子简直应该给我广告费。不过近几年我不再买了，可能是跟年纪慢慢大了有关吧，毕竟现在感兴趣的东西越来越多，对它们没什么需求了。不过我一个都舍不得丢掉，都留着。我妈说"以后给你女儿玩"。

By:5656
'07.2.9

094　大辫子与蝴蝶结

長坂坡

· 卡普与名著系列 ·

玩具与游戏

· 漆画：牛 ·

南帆： 有没想过，也许有一天，你画的卡通形象也有可能被做成布偶？

夏无双： 当然，这个我确实很早就曾暗暗期盼过啊。其实2016年初，我的第一场个人画展在北京举办时，签约公司曾把我的绘本主角，就是那只叫"卡普"的狗做成大公仔和充电宝，当时就很受欢迎。我把充电宝挂在背包上，每次过机场安检时，那些安检员都很感兴趣，拿起来看了又看，可惜后来没有很好地推广开。希望有一天卡普能成为很多小朋友热爱的布偶，这个萌狗的绘本我还要继续往下画呀，它的形象已经在国家专利局申请了专利。这是我第一个注册的设计。

南帆： 这个值得祝贺，继续加油。布偶或许是另一种玩具娃娃的代替品？因为布偶可以成为宠爱的合适对象。我倾向于认为，女孩子的玩具娃娃是母性欲望的投射对象。还没有等到成年、步入婚姻、建立家庭，母性的欲望已经提前出现。必须有一个玩具娃娃承载这种欲望。许多女孩子无师自通地爱抚娃娃、喂食、哄娃娃睡觉，认真的程度绝不亚于二三十年之后她们养育自己的孩子。不知道我的观察是否正确？许多女孩子的玩具娃娃是和"过家家"的游戏形式联系在一起的。她们在"过家家"的游戏中模仿煮饭、煮菜，中心的主题还是带孩子。这时的女孩还不清楚两性关系在家庭中的主导意义，"过家家"中拉进一个男孩无非是再现父亲与母亲的角色配置，真正的欲望聚焦点是那个玩具娃娃。我甚至觉得，如同那个布偶一样，许多家庭的宠物是玩具娃娃的另一个变种。所以，充当宠物的动物不可太强大，必须具有"萌"和弱小的特征，值得怜爱。狗、猫、兔子的身体尺寸以及性情最为合适，黄雀似乎太小了些，威风凛凛的老虎、狮子很难被想象为家庭的宠物——它们太强悍了。我们怎么能如同爱抚一个娃娃那样爱抚一只雄壮的大象呢？另一些人可能将蚯蚓、蜗牛、蝎子作为宠物，估计那只能解释为"重口味"——这些虫子与娃娃的形象距离太远，实在无法承载母性的温柔。

夏无双：我不知道啊，我小时候应该也没玩过"过家家"吧？记忆中小伙伴每次玩"过家家"，我都是那个在旁边不为所动的吃瓜群众，对这个游戏没什么热情……而最吊我胃口的却是老虎、狮子、猎豹！您不觉得它们特别可爱吗？毛茸茸的，爪子又大，萌死了，感觉摸起来就肯定手感特别好，而且带出门又很威风。上一个对话中我提到过，小时候我爆炸羡慕《阿拉丁》里的茉莉公主，她有一只宠物老虎。另外我也曾羡慕动物园饲养员，他们以工作之便养小老虎、小狮子、小猎豹，这差不多让我那时都生出长大后去动物园工作的理想了。现在很多阿拉伯土豪家里养老虎、狮子，我经常看他们发到网上的视频，处于云养虎模式，羡慕到变形，我也超级超级想养啊啊啊啊！虫子就算了，我很怕虫子，又脏又恶心。但是我知道虫子仍然有很多人养，好奇怪的嗜好，各有所好吧。

南帆： 关于老虎、狮子和猎豹，我相信你这辈子都只能是吃瓜群众。你喜欢的肯定是屏幕里老虎们的影像，它们的大爪子无论如何拍不到你身上；同时，我相信你也无法到动物园工作，动物园里熏人的气味很快就会逼迫你出逃。为什么只有阿拉伯土豪养得起老虎？只有他们有能力在家里建一个安全同时又没有气味的动物园。原谅我这么"现实",不过,我觉得你对于虫子的反应同样"现实"。我记得你不止一次被蟑螂吓得一边跳上沙发靠背一边放声尖叫,脸都吓得煞白了,用一个词来形容也不为过,就是"魂飞魄散"。

夏无双:哈哈哈……说得也是,这样看来我也不过"叶公好龙"而已。但如果真的能骑身材高大的动物出门,是不是特别酷?

男孩女孩玩不同的玩具这件事,为什么总是被分得这么清楚呢?表弟比我小九岁,他小时候就是像您所说的那样,家里一屋子的枪、汽车之类的玩具。要是给他买布偶玩具,想想确实也很奇怪。但玩具的性别是谁定出来的?是男孩女孩发自内心的需求,还是大人们根据自己的想象强加给他们的?我想到了另一个例子:我们小学时就开始穿校服了,特别 low 的一套蓝色套装,一点都不修身,又肥又大,谁穿都蠢。初中更惨,是非常劣质的运动衣和运动裤,头发还得剪得短短的,学校根本不让女生留长发,太惨了。把以前的照片翻出来看,一个个都是没精打采的丑八怪。要说让我们从小通过玩具培养对性别的认知，怎么上学后却不培养了？真是打破头也想不明白。我小学时在本子上画了很多乱七八糟的服装图，被我妈保留下来一部分。她前一阵整理东西时，找出来给我看，我早忘光了。原来那时画过这么多女生穿各种漂亮超短裙的图，男生也还行，都西装领带什么的，很日系。现在想，那时可能就是对用那么难看的校服把我们弄得男不男女不女的反抗吧？或者也是一种向往。

南帆：你的这种愤怒也不无道理。我的理解是，玩具制造的性别认同还是强调古老的传统主题：男人要勇敢地冲锋陷阵，征服世界；女人就是相夫教子，管好家庭。可是，你们到了上学的年龄之后，学校又非常担心学生性意识的觉醒。老师似乎一直不知道怎么对付这个问题，学生的早恋是多么可怕的事情！所以，校服的一个隐蔽主题是压抑性意识。男不男女不女被视为学习阶段的理想状态。

夏无双：所以大部分家长都希望自家女儿在大学毕业之前都认真学习不要分心谈恋爱，然后大学一毕业就被有钱的大帅哥死心塌地娶回家。呵呵，梦里什么都会有的。是这样的吗?

南帆: 这应该是普遍的,不过似乎很多女生家长现在也有很大变化。这个问题如果展开了,是另一个话题,比如你毕业这么多年还没被人娶回家,这就不是梦,是现实。我们还是回到玩具上,我不是太明白,你为什么喜欢那些漫画的周边产品?它们是装饰品还是玩具?你对它们心中是什么感觉?

夏无双: 因为是我喜欢的角色,当然希望买回家供着啊,我基本连包装盒都舍不得拆的,因为我没有玻璃柜放手办,而落灰清理起来很麻烦。没事时拿出来看一看,摸一摸,又心满意足放回去,美滋滋。我买得最多的手办是《圣斗士星矢》出的圣衣神话系列,有十几盒吧,五个角色的不同款式。别的手办不算多,有几十盒。据我所知有的人家里一整排的玻璃柜里面密密麻麻摆满了手办,和他们比不了。

南帆: 汽车是男孩痴迷的另一个玩具类型,火车以及飞机也可以算作汽车的衍生物。童年时代,我似乎有过一辆木头汽车,还用一些小铁片、轮子和螺丝装配起一辆小卡车。模糊记得，那时曾到厨房偷出一个锅盖，倒过来搁在小茶几上当作方向盘，独自模拟驾车。那时，汽车司机是极其风光的职业，福州流行过一句俗语"一嘟嘟，二杀猪"，嘟嘟指的就是开汽车。小时候每次乘坐公共汽车，我总要挤到驾驶台背后，细心观摩司机的操作。有趣的是，至今我已有驾驶汽车十余年的历史，却从来没有体验到孩童时摆弄玩具汽车的快感。为什么呢？后来才明白，孩童时迷恋玩具汽车其实是对于速度的痴迷——现今的驾车环境很少能满足理想的速度。一种观点是，速度是潜伏于人们内心的一只野兽，这只野兽或许来自古老的遗传——速度是许多动物在丛林中竞争的资本。愈来愈快地飞奔，四肢离地腾空而起，这时的身体隐含了巨大的快感。如果我们的双腿能够为钢铁的轮子所代替，那么，快感将交由机器制造。

观察男孩对于汽车的态度可以知道，他们没有兴趣理解汽车的运输功能或者经济价值，他们向往的是速度制造的效果：一个男孩嘴里发出尖厉的呼啸，手中的玩具汽车疾速冲过，摧毁积木搭盖的房屋——这是他们最为快乐的时刻。换一句话说，汽车的速度满足了他们破坏欲的宣泄。只是不知道女孩对于玩具汽车究竟有多大的兴趣？

夏无双：我小时候好像没玩过汽车玩具，印象中大人也没给我买过。为什么不买呢？会不会那时大家都觉得汽车还离我们生活太远了，这辈子根本不可能拥有？可是男孩子为什么可以拥有？还是回到上面我们讨论过的问题，就是在观念上觉得男孩就该玩汽车，女孩就该玩布娃娃。其实那么小的时候，什么都不懂，大人给什么就玩什么。

我对汽车的印象就是法拉利红色跑车。我初中时看了一个日本动画《头文字D》，讲的是山路赛车竞速。这个动画我很早就听说过，但是这个题材我一点兴趣都没有，人物画得也非常丑。有一天我放学回到家很无聊，其他频道都没有播动画，只有《头文字D》可看，就看了一集，结果一下子中毒不能自拔，天天追着看。从这个动画里我认识了很多日系车，AE86、FD-3S、FC-3S、LAN-EVO、GTR等。后来周杰伦买了漫画的版权，把它改编成电影，我还特地去电影院看了。虽然改编得比较一言难尽，但真车真漂移，还是酷酷的，看得挺过瘾。曾经有人问：你有什么理想？我脱口说自己挣钱买部法拉利。哈，也就这么一说啊，不必当真。其实这路到处都堵死了，哪跑得动？我们双子座的人都颜值当道而已，法拉利外观长得实在太酷炫了，倒不是真要买车，也买不起啊不是？

南帆：确实有些富豪把豪车当玩具，那是靠钱堆出来的奢侈玩法。总体而言玩具是个人的伴侣，如果一批人共同围绕某种玩具进行活动，那就应该称之为游戏。孩童时游戏的道具比玩具丰富多了。当年我们虽然物质贫穷，但游戏道具和游戏形式却比你们的童年时代丰富多了。每隔一段时间，新的游戏形式就会从远方传来，一批小伙伴就会在一起学习、研究，一批高手很快就会出现。我至今还无法知悉传播的媒介，但确实某一种游戏一出现，很快就大江南北都一拥而上地玩，弹弓、跳绳、踢毽子、丢沙包，等等。游戏的欢乐多少弥补了生活艰难的苦涩，让我们的童年少年也不乏勃勃生机。

夏无双：哇，您说得都让我流口水羡慕了。小时候，我小伙伴中其实也流行过踢毽子、丢沙包、翻花绳、跳绳、跳皮筋，这些都算是借助道具的游戏，然而我似乎一个也不会……我平时上学的时候没怎么和他们玩，周末也是基本上在家里自己和自己玩，偶尔我妈才有空带我去公园转一转。入学年龄不是都从六月份算起吗？我刚好是六月出生的，所以从幼儿园到小学毕业基本都是班上年纪最小的一个。初二之前个子也最矮小，永远坐第一排，老是被男生欺负。特别是两岁多进学前班时，辫子动不动就被男生揪散，脸上这里被抓破那里被挠出血，每天傍晚回家都是惨兮兮的，还不敢说不敢哭，怕家长去学校告男生的状。可能那时心里就留下阴影了，胆子非常小，不怎么合众，老是想躲开。和我一起玩的小伙伴，大都也是个子瘦瘦小小、喜欢安静地看漫画、上课根本不爱举手发言的那种，反正不是活跃的领袖人物，只能算是班上最不起眼的吃瓜群众了，什么热闹都不掺和，平安是福的感觉，躲一天是一天，上学跟受刑似的，这种状况直到初二以后才开始好转。

南帆： 这个挺意外的，按你所描述的经历，一般长大后会是性格内向阴郁的女孩，但你明明正相反，整天嘻嘻哈哈的，明亮快乐。所谓的"好转"有什么契机吗？——算了，后面我们有个教育的话题要谈，这个问题你可以先按下不表,也算留下一个悬念吧。

  我这一代人小时候居家空间普遍狭小,同时,居家之外的天地却非常大。在我所生活的那个大院落里,有许多年纪相仿的小伙伴,每天前呼后拥聚在一起玩耍,而游戏无疑是我们聚集的最好形式。我们因此而团结,产生了团队精神,也因此而争吵,划分派系,甚至大打出手。总之,玩具是个人主义的,游戏是集体主义的,那是我们热气腾腾的生活。学校不仅由教室构成,操场是更为重要的撒野空间。放学之后冲出教室来到操场,或者,晚饭之后将筷子一扔,游戏时间就开始了。那时孩子的数量远比现在要多,每家三五个子女很正常,所以我们都有与兄弟姐妹相处的经验。只要各家各户的孩子一拥而出,屋子外面的空地就如同一口沸腾的大锅。一声呐喊之后,形形色色的游戏分头展开。那个时候的孩子每一天都玩得满头大汗,夜晚时分,父母要不断拉长声音叫喊才能把他们召唤回家睡觉。功课是无足轻重的玩意儿,更没有人莫名其妙地补习或者在家里练习钢琴。偶尔有一两个脸色苍白的家伙不参加游戏,据说身体不太好,待在家里做一些数学练习题。我们总是想,这种长得像豆芽菜似的人能够活下来吗？当然，事实证明，历史很快把机会赋予他们。大学的大门重新打开的时候，他们多半是第一批入选者。

夏无双：户内与户外，这算不算我们童年的最大区别？记得我初二的时候SARS病毒全国流行，那段期间我们下午两点半就放学了，我们班是全校溜得最快的，别班的同学刚陆续走出教室，我们班经常门都已经锁好了。但我们好像也没急着马上回家，就在操场上瞎玩，一直到五点左右才陆续结伴回家。虽然这么贪玩，但是中考的时候，我们班成绩还是蛮好的，一中、二中、三中、四中、五中，基本上都考上这几所重点校，想不起哪个同学丢到差校去的。算起来那可能是我们短暂的集体户外活动期，之后就很少再有。正常情况下，每天放学都很晚，赶回家吃饭、做作业都来不及，哪有时间玩？

南帆：户外运动与身体的健壮程度密切相关，所以你们这一代更多地出现豆菜式的人。和你们相比，我们小时候有充分的时间急速奔跑或者跳跃，大幅度地调动四肢，身体之中隐藏的野性被充分调动出来，生命力得到了真正的舒展。例如"跑跑抓",与真实生活不同的是,大家都乐意充当被抓的角色,仿佛掌握了更多的主动权。一个人绕着种种圈子快速奔跑,跟在后面的五六个人居然抓不住,这种明星一般的表演很有成就感。那时的大部分游戏与大自然结合得十分紧密。我们总是在空地乃至原野中疾速奔跑,放开嗓门尖叫,即使摔得鼻青脸肿也不吭声。许多游戏包含了身体力量的抗衡,身体的强健者更有威望,更能充当领头人的角色。那时我还热衷于一种更为野性的游戏,叫"打土战"。事实上就是两拨孩子互相投掷土块,这种游戏通常在废弃的公园里进行,双方隐身于小树林里,或者躲在残垣断壁后,以最原始的方式进攻或者防守,一边奋力投掷土块,一边呼喊着从几部有限的电影里学来的口号。有一段时间,公园里的土块居然被我们扔完了。于是,每个人都扛一柄锄头来到公园。"打土战"正式开始之前,我们会先刨开地面,制造足够的弹药。一场游戏下来,每个人不仅衣冠不整,并且是真正的灰头土脸,但很开心。

夏无双:呃……你们真会玩……还是因为你们都有兄弟姐妹

嘛，可以成群结队玩，即使关在家里都能玩得很爽。我们哪有？我小时候也就和同学一起打个羽毛球，"菜鸡"互啄 high 得不行。课上了一整天，累死了，屁股都坐疼了，还有那么多作业堆在那里哩，想一想就算了算了。不过我知道有很多男生会去网吧打游戏。我读初中的时候网游刚刚兴起，学校边上就有一个网吧，男生们中午休息以及下午放学后，很多都会溜进去打 CS（《反恐精英》）。女生对这个基本没兴趣，我们凑在一起聊聊天，聊高兴了嘻嘻哈哈地互相追打追杀一下，这应该也可以算是游戏了。去网吧是违反学校规定的，各班老师以及段长、教导主任都会板着脸去网吧逮人，会出现各种斗智斗勇、猫捉老鼠的剧情。我们女生每天都跟看一场大戏似的，又怕他们被抓，又希望他们被抓，小心脏颤颤的，非常刺激。

南帆． 这些年年轻人变"宅"，跟网络游戏的兴起有很大关系，你们彼此缩在户内，运用的是智力和感官反应，电脑屏幕和手机是你们的活动空间。许多人玩手机的外观形象相当可笑：低着头，勾着腰，两眼盯住一个小小的屏幕，几个手指头像虫子的小爪子一样急速移动。不过,也许这就是未来机器时代人类的典型形象。机器把你们召到房间里去了,电视如一个大家长,所有的人都围绕电视坐在一起,听它训话,看它各种表演。卡拉OK也是一种典型的室内活动,似乎在亚洲特别流行。阳光、风和草地、树木被隔离在很远的地方,然后为了美,"减肥""燃脂"又成为一个时髦的概念,健身房于是趁机森林般冒出来了。一个人居然需要花钱在房间里,依赖各种器材与自己身体进行搏斗,想尽办法把身上的脂肪去除掉,这在我瘦骨伶仃的小时候无疑是天方夜谭。

夏无双:有些地方,比如北京,户外环境不好,冬天爆冷,在室外就是神仙也待不住吧?其他时候又动不动就雾霾,怎么走出家门锻炼嘛?环境所迫,保命为上。在福州这样大部分时间空气都优质的城市,在户外锻炼的人就没有压力。我很早前在健身房其实就已经开了卡,但去得不勤。不好停车,得赶回家画画……反正都能给自己找到理由,其实就是懒。但今年我一般隔天会去一趟,上燃脂课和女子防身课。我这么瘦哪有脂可燃?其实就是为了出出汗、练练力量。刚开始是逼自己去,慢慢就觉得去去也挺好,每次花上一小时也不是多大的事，而精力体力却明显好了。

南帆：以前你确实太缺乏运动了，现在能够这么自觉动起来，应该祝贺，或者也完全出乎我的意料。我记得前不久你还学会了滑雪，这项运动对勇气和平衡感都有要求，你竟然敢去，并且从发来的视频上看，还一下子就掌握了滑行技巧，可见还是很有可塑性的。想象一下，如果早生几十年，说不定你也可以和我们混在一起，玩得跟个野小子似的。人常常是被环境所塑造的。

夏无双：我反正是招黑体质，总是容易被人误解，习惯了，无所谓。不过那天去雪场确实是个意外，路上我其实还在嘀咕，觉得自己根本不行，没想到教练只带了两趟，第三趟就自己顺利往下滑了，一次都没摔过，酷毙了，很有成就感。

南帆：很好，应该坚持，建议你把运动当成一项游戏，乐趣就会连绵丛生。从理论上说，我们人类为什么喜欢游戏？一种观点认为，游戏没有功利目的，游戏是生命中多余精力的产物。但是,我觉得胜负是种种游戏最为吸引人的普遍主题。无论是棋、牌、球类运动还是跳方格子、捉迷藏、踢毽子,没有胜负的游戏索然无味。可以说,争胜之心是大多数人欲望之中最为强烈的一个聚焦点,这甚至可以使游戏产生一种不可摆脱的"瘾",看一看多少人热衷于麻将游戏就知道了。游戏的胜负是纯粹的技术较量,游戏内部的社会关系远为简单。如果说,种种权力、势力对于社会性的竞争形成强大的干扰,那么,至少在理论上,游戏规则的设计是公平的,利用麻将游戏输钱给长官毕竟是少数。因此,许多人觉得,游戏更能够实现自我、展示自我,沦为败将也没有什么可抱怨的,的确技不如人嘛。我甚至发现,不少日常生活中擅长"耍赖"的人,进入游戏之后居然愿意振振有词地强调公正。你去健身房或者滑雪虽然没有跟别人争胜负,但跟自己的惰性争、跟身体的衰败之气争,也是有非常积极的一面。

夏无双:好的,会坚持的。您刚才提到争胜负的问题,让我想起电子竞技里的一句话:"菜"就是原罪!就是说失败的一方所有的理由听起来都像是无聊的借口。

游戏只看个人操作水平，你强，你在游戏里能战胜现实中各方面都强于你很多的朋友，借此来获得虚荣心的满足。又或者，当你和一个长得比你丑、比你穷、个子比你矮、能力比你差的朋友玩同一个游戏，他在那个游戏里各种吊打你时，那种挫败感会放大无数倍。这就是为什么很多人会成为氪金玩家（充钱买更好的装备），这也是手游市场在中国可以像个无底洞一样赚钱的主要原因之一。

南帆： 我没玩过电子游戏，对它不太了解，对我们这一代人而言，它是一种前所未有的形式。一个从未谋面的大集体散布于世界各地，游戏者的身体天各一方，却相聚于互联网虚拟空间里，这是多么奇怪的一件事情。互联网空间甚至突破了地域或者海关的限制，联合行动的障碍仅仅是语言不通。几年前，与全世界高手一起玩游戏曾是你学习日语的主要动力——我没有说错吧？

夏无双： 哈哈哈……其实不是为了和世界上的高手一起玩游戏学的日语，而是为了看懂日系的 RPG（角色扮演类游戏）游戏的剧情到底在讲什么而学的日语。因为早期正版游戏基本没有中文版，多半是日版和美版，有些游戏连美版都没有，只有日文版，我看不懂，又想玩，只能去学日语，自己给自己当个汉化字幕组，这算是自己动手丰衣足食的反面教材吧？

其实因为我们从小看那么多日本动画片，而大部分从日本引进的动画片都只是配上中文字幕，却保留日语原声，等于无意中拥有一个上等的语言学习环境，所以我们这一代学起日语就相对容易。不是老有人说，福州话发音和日语很接近吗？福州人学日语可能真有得天独厚的条件。反正研究生时，我报考的外语不是初中就开始学习的英语，而是自学的日语，听力和笔试加起来，居然是七十二分，意不意外？惊不惊喜？

南帆： 对，当时我和你妈都反对，毕竟英语有十几年扎实的正规学习，日语却是野路子出来的，但是，你固执地坚持，竟然成功了。都说热爱是成功的最大动力，问题是你这个热爱的出发点是为了玩游戏——好吧，我们还是回到游戏。游戏常常是力量与速度的较量，免不了身体的冲撞、对抗，电子游戏当然也讲究"手疾眼快"，但是，你们较量的不是臂力而是手指的灵活程度。不过，据说今后的战争很大一部分就是敲键盘，拼刺刀或者肉搏的机会基本消失了。从这个意义上看，游戏退缩到屏幕上似乎也没什么可奇怪的。

夏无双：所以现在大部分的电子竞技选手都是二十岁左右的小朋友，电子竞技特别需要反应力，尤其是手速。在电子竞技的世界里，二十五岁已经算是大龄选手了，大龄且超一流的选手是有的，但是特别稀有，基本上属于特级保护动物了。所以作为专业选手，他们的职业生涯都特别短暂，完全是青春饭。也许电子游戏本来就属于年轻时光的，我就是在大学时玩得最入迷，这几年已经慢慢淡了很多。以前几个玩游戏的朋友，男的女的都有，天天在 QQ 群里聊得火热，如今却大都没联系了。毕竟随着岁月流逝，每个人的生活都会不断增加其他内容，不可能总是停留在老地方。

南帆：以往的游戏具有鲜明的性别色彩，男性玩的游戏女性很少能够参与，例如"跑跑抓"，男孩子擅长的游戏身体对抗性很强，女孩子往往无法胜任——当然，还有一部分原因可能是害羞。女孩子通常必须拥有一个文静的社会形象，另一方面，男孩子也很少参加女孩子的游戏，例如跳方格、跳橡皮筋、抢沙包，等等。许多男孩子不如女孩子灵巧，甚至不能表现得过于灵巧——那会被讥笑为"娘娘腔"。可是，电子游戏似乎极大地削弱了性别色彩，女孩子在电脑屏幕上也会唰唰唰地提刀砍人，这听起来多么野蛮！在虚拟空间女孩子猖狂起来了，昔日的文静人设这时候看起来会不会更像一种伪装？

夏无双：伪装？根本不是这么回事啊！伪装做人最累了。又不是真砍谁，游戏而已，认真你就输了。

南帆：其实我想问的是，电子游戏中有否专门的女性游戏——诸如表现女性的女红功夫或者烹调技艺？

夏无双：当然有。游戏商家多精啊，他们早就设计了专门的女性游戏，它们一般是指女性向AVG（文字冒险游戏），也就是和帅哥谈恋爱的游戏。比较有名的有《遥远时空中》《安琪莉可》《金色琴弦》《薄樱鬼》《绯色欠片》等，其中第一个女性向AVG是光荣公司

（KOEI）的《安琪莉可》。我个人最喜欢《遥远时空中》系列，除了二代之外其他历代我都玩了，最推崇的是四代，不仅战斗系统做的在AVG游戏里算是非常出彩的，招式有动作系统，不再是木头纸片人，而且剧情不套路，每个角色的路线剧情都很不错，没有出现很单薄的人物和破绽百出的桥段。在现在女性玩家增多的时代，很多游戏里都加入了女性向要素，比如自由设计主人公房间、人物性别和服饰自由搭配等。还有专门面向女性的游戏环节，比如：换装搭配游戏、模拟经营类游戏，一般是经营蛋糕店、服装店这种女孩子比较喜欢的东西，还有养宠物的游戏等。现在游戏的性别分界其实也变得比较模糊了，并没有什么一定是女性游戏和男性游戏之分。

南帆： 我有点儿好奇，既然男女都参与，那么游戏高手中究竟是男性多还是女性多？

夏无双： 简单地说，职业选手中还是男生多，应该百分之九十五以上是男性吧。他们被称为大神。但是业余的话，网游一半一半，手游女生会多一些，PC和主机游戏男生多。

南帆： 我们的游戏与日常现实之间存在清晰的界限，二者的形式极为不同。而电子游戏的设计愈来愈真实，这给你们带来了什么？更为投入吗？身临其境的气氛？击败对手的时候真的觉得自己是一个英雄？当然，这同时涉及游戏的人设。我看到许多游戏广告中的女性形象都设计得非常性感。反对电子游戏的一种观点认为，由于电子游戏中杀人太容易，这甚至会激发孩子冷酷的本能——杀人似乎没有什么了不起，电子游戏中早就杀过了。

冷兵器时代的肉搏与对决是残酷的，鲜血、可怕的伤口、呻吟、痉挛、抽搐、临死之前绝望的眼神、冰冷的尸体，这些令人恶心的对象更像是上帝阻止人们互相杀戮的生理障碍。如果人们开始像嗜好巧克力一样嗜好鲜血和伤口，这个世界就要毁灭了。枪支的出现已经极大地改变了这种状况。数十米乃至百米之外扣一下枪支的扳机，一个生命就简洁地消失了。多么容易，双手不必接触肮脏的血污和带有体温的肉体，也不会产生由此触发的良心负疚。未来的电子战争更简单，敲一下键盘，一批生命作为数码直接被抹掉了。某种程度上，电子游戏可能成为这一切的预演。杀戮仅仅是一种技术的较量，看谁更高明、更有技巧地杀人。这将对孩童的无意识产生极大的负面影响。

夏无双：在中国，游戏没有明确的年龄划分，但是所有的游戏中出现血、尸体都要处理或者打马赛克的，血腥的场面影响比较小。在国外，游戏是有着很明确的年龄分级的，那些出现暴力、血腥的游戏基本上都是16—18岁禁止的，所以不用担心小朋友会玩到这些游戏。漂亮的人设这个方面，大部分情况出现在中国的页游上，页游的广告比较直男审美，都是各种穿着暴露的大姐姐，这是为了吸引男玩家。在国外很少出现这种情况。人设漂亮又不强调性感，这个方面做得最好的游戏，《守望先锋》算是一个很典型的代表。这个游戏在美式游戏的基础上吸收了大量日系游戏人设的特点，人物都非常漂亮。目前游戏中有二十八个角色，其中十二个是女性角色，有年轻小姑娘、小胖妞、中年女性、老奶奶、肌肉女、机器人，甚至这个游戏的封面女郎是个同性恋。她们中，除了黑百合穿得比较暴露之外，其他女性角色真是恨不得武装到脸，包得非常严实，穿了一层又一层。尽管如此，游戏中人物的人格魅力仍然吸引了很多女玩家，让这款游戏在女生中的人气非常高，在同类型FPS（第一人称射击）游戏里，这个游戏的女玩家数量遥遥领先。所以漂亮的人设含有性意味这件事，基本上是中国特色国情，外国很少出现这种现象，因为外国游戏的分级和电影分级是一样的，非常严苛。

南帆： 我们没分级，与目前吸引众多青少年玩家之间不知有没有联系？我印象里，你们这一代普遍迷恋电子游戏，至少在城市里是占很大比例的。经常听到我的同辈人抱怨自己的孩子整天对着电脑或电视屏幕的时间，已经远远超过和长辈面对的时间。更有些人甚至不惜为此投入重金，数字听起来非常吓人。我不知道是不是也算我国的特色，国外的情况究竟如何呢？

夏无双： 国外也一样啊，只不过外国人喜欢自己打有成就感，中国人喜欢氪金走捷径。"氪金大佬"不计其数这点确实是中国特色，但是打游戏的年轻人多这个不是全世界通病，在国外很多大叔、老爷爷、老奶奶也会打游戏，不仅限于年青一辈，这一点在中国倒是基本见不到。

南帆： 电子游戏与经典文学之间存在一个重要的区别。文学是虚构的，但是，这些虚构的叙述让读者在强烈的情感体验中更深刻地理解历史。《三国演义》也罢，《红楼梦》也罢，《安娜·卡列尼娜》也罢，那些故事无不让人体会到历史内部不可动摇的意志。电子游戏也常常使用历史题材，但是，一切都是轻松的游戏——失败了可以一次又一次地重来。残酷的历史真实往往显现为：错过的机会总是唯一的，上帝不会第二次向你微笑，兵败如山倒后紧接着就是江山易主、人头落地、血流成河；而电子游戏的情节却允许在一次次失手后，又一次次回到原点重新再来，而且你们也可以轻易代入角色，这会儿是曹操，下会儿又可以变成刘备、赵子龙或者周瑜、诸葛亮。这种娱乐性地介入历史，轻而易举就以那些盖世英雄人物自居，是不是多少有点儿像虚伪的自欺欺人？我其实特别想了解你们此时的心理。

夏无双： 我不是很知道其他人玩这种题材的游戏是什么心理，

反正我是因为角色好用就用这个角色的。比如您说的三国题材,《三国无双》游戏是分吴、蜀、魏、晋、他五个势力,每个势力都有自己单独的故事模式和可用武将。当不限制可用武将时,我是赵云从头打到尾绝不换人,直到把赵云所有能力值刷满也要带着不会换掉的超专一党。当限制武将的时候,我就挑招式实用范围大攻击高的角色用,打完就完了,完全没有角色代入感。

南帆: 今天我们围绕"玩具和游戏"展开讨论还是很有意义的,长期以来,这其实是被广泛忽视的一个领域。现在,社会对于儿童教育愈来愈重视,学前教育已经同时纳入视野。所谓"三岁看大,七岁看老"并非无稽之谈,很多家庭在子女的教育问题上差不多都愿意倾全家之力。可是,很多人却没有意识到,玩具和游戏是儿童教育的重要组成部分,这是另一种教材和课程,占据的是正规课程之外的大部分时间。精神分析学发现,无意识对于人生可能产生各种影响。某些影响是潜在的,甚至没有被主人公所察觉,但是,影响的效果始终在起作用。一个社会成员成年之后,他的童年经验就像无意识一样隐藏在精神的某一个角落。也许某一天的特殊触动,童年的爱好或者童年的创伤可能曲折地浮出水面,悄悄地干扰他的一个现实决策。所以,玩具或者游戏不仅是制造一个快乐的童年,不仅用于打发儿童无聊的时光,玩具和游戏同时还是塑造童年经验的材料,而这些童年经验将悄悄地延伸到未来。事实上,许多成人仍在延续童年的游戏,例如电子游戏。童年时期的理性显然较为薄弱,欲望的主宰力量相对强大。玩具和游戏如何释放这些欲望,同时又引导这些欲望,这并非简单的问题。我们这一代人的玩具与游戏与你们这一代人存在许多区别,这些区别多大程度地显现为两代人不同的文化性格?这是一个有趣的问题。至少,我可以看到一些重要的迹象。现实感、社会交流、团队精神、性别意识、对于大自然的不同态度,两代人在这些方面都显示出了极大差异。我对于未来的一个感觉是,玩具、游戏与现实之间的界限会愈来愈模糊。无论是知识的积累、两性关系,还是生死存亡的战争,现实似乎愈来愈向游戏状态靠拢。这种状态是令人欣慰还是令人担忧?我相信我们已经抵达一个文化的十字路口。我无法预测每一条道路背后的故事结局,所能做的仅仅是拭目以待。有个疑惑我一直存于心里：不同的玩具和游戏，到底是否会影响改变一个人的历史观、生活观，包括婚姻观、金钱观呢？

夏无双：呃，大概会？这得去做调查，我也答不上来。我身边的朋友只有两种，玩游戏的和不玩游戏的，感觉他们并没多大区别。不是说了游戏只是玩具的一种吗，玩具有空时玩，没空了随时可以放下，放下后该怎么生活就怎么生活。

南帆：真的可以说放下就放下吗？这个对话结束之前，我倒是觉得有一个不可回避的问题必须提出来：如何防止或者摆脱电子游戏产生的"瘾"？上"瘾"之后，是不是如同一些专家所忧心忡忡的那样，会像一副枷锁将人们牢牢地铐住？许多年轻人不仅为此放弃了学业、工作，甚至废寝忘食，他们沉迷于屏幕上的较量而不能自拔，在虚拟的竞争中耗光了所有的斗志与精力以及才华，以至于回到现实时，早已无力再争个长短，于是干脆抛弃了面对真实的勇气，日渐萎靡懦弱，难担大任。很多人觉得，电子游戏已经成为一种文化公害了。

夏无双：没这么严重吧？您所说的"很多人"，大概都是上了年纪的上辈吧。他们认为就认为吧，反正又不能让电子游戏一夜蒸发。几年前中国还禁止各种游戏的销售渠道，封杀游戏主机、外国游戏，现在还不是都开放了？各种主机的国内发行版到处都是，各种游戏中文版出得飞起，销量惊人。很多东西阻挡不了就算了，否则两败俱伤，最后也没结果，多麻烦。按我理解，一个人对玩具的热爱都是阶段性的，不可能一辈子迷在上面，毕竟人生不同的阶段都需要全力以赴对付生活中的不同事情，一忙哪有时间玩？连心情都没有吧？所以还是顺其自然比较好。

南帆：传统观念中，玩具或者游戏都是童年的事情，二者具有启蒙与辅助成长的意思。可是，成人之后仍然沉湎于玩具或者游戏，这就是"玩物丧志"了。也许，你们这些电子游戏的拥戴者不服气，成人之后只有工作吗？娱乐一下又如何？这是你们的第一个疑问。此外，许多人还隐约地表达了另一种言下之意：玩物也可以"立志"，如果不是为了放纵自己找一个借口，这倒是一个值得尊重的想法。时代正在改变,游戏精神与工作、人生的许多方面正在互相渗透。当然,这种观念背后仍然存在各种问题,我们都该好好想一想。

当八卦扑面而来

主持人语：七卦太少，九卦太多

这么短的一生，怎么才能活得更有滋有味？八卦总是适时跳出来，花花绿绿一地鸡毛。

"吃瓜"这个词近些年才开始流行，它来得迟或早，都不影响我们自古以来就两眼骨碌碌地四下张望——这似乎是失败者的日常图像。因为自身无法制造景色，只能躁动地眺望别人花团锦簇。无聊吗？我也不知道。嘎巴嘎巴，瓜吃得再脆甜，其实吞下去后都不过变成一堆屎，但还没从马桶上起身，又欣欣扑向下一个瓜了。

今年秋天群众有快被吃噎的倾向，最美女演员和最高调秀恩爱的大佬接连呼啦啦中弹，风乍起，天地晃动，满大街横竖走着露出节日般笑容的人们。这是一个危险的季节，隐忍太久的美慕嫉妒恨从心底悉数翻起，汪洋成河。许多年龄、性别、财富以及学识天壤之别的人，平等簇拥在同一事件前，会心一笑，指指点点，顿时抹平了高低贵贱的区别。

说起来娱乐八卦这个话题其实太年轻了，我纠结了很久还是觉得主持人语无从谈起。作为小说家，我胃口吞得下浩瀚无边的人间故事，心灵却不愿盛住轻飘飘的零星消息。许多时候，因为八卦才得知某个明星的存在，当然转眼又很快忘记他或她的存在。谁结婚了，谁离婚了，谁家暴了，谁出轨了……而已而已。发生在人间的八卦，应该带着伸手可触的生活温度，眼泪在飞或者笑声朗朗，才能构成抵达人心的沉甸甸分量。那些平日里涂脂抹粉的人物，无非是不经意间露出另一张面孔，只要无伤大雅，倒也算撕下面具，还原成甲乙丙丁，有了邻家的烟火气。

无论如何活着是件辛苦的事，但大家都不妨好好往下活。苍穹之下，平淡注定是大部分人的命运，还好有明星在高光处把悲喜哀乐放大了，七卦太少，九卦太多，不吝拿出一点八卦供人指手画脚，算是对大众黯然人生的一种补偿，也是他们必须上演的另一部戏。

最后来说南老师的一则轶事：前一阵京东大佬在美国闹出大动静，我向南老师汇报，他半天才回过神来问："他老婆是茶叶妹妹？"是的是的，但茶叶真的不是奶茶。

夏老师也有故事，故事发生在她幼年期间：因为迷恋琼瑶剧里的小婉君金铭,要梳金铭同款发型;有好吃的会叨叨想给金铭姐姐吃;每天晚上《新闻联播》音乐一起,她总要冲过去看片头的天安门,因为"天安门在北京,北京有金铭姐姐";有时被揍,她在眼泪横飞中,会悲愤地瞪大眼铿锵怒斥:"我要告诉金铭姐姐!"

这样的两个人现在坐到一起,要谈一谈娱乐八卦,他们究竟要说什么呢?

南帆: 今天来讨论一个年轻化的话题。当然,我对于这些领域相对陌生。

很多年轻人现在每天在互联网上耗费大量的时间,浏览形形色色的文本。你们在阅读什么?有个统计让我十分吃惊:娱乐新闻竟然占有非常大的分量。网上种种真伪莫辨的八卦传闻满天飞:李小璐,贾乃亮;王宝强,马蓉;谢霆锋,张柏芝;范冰冰,李晨……哪一个出轨了,哪一个生双胞胎了,哪一个整容失败了,哪一个的钱财几乎被洗劫一空,总之,一波未平,一波又起,互联网的娱乐世界无限热闹。从狗仔队的窥探、偷拍到娱乐消息的编辑、推送、销售,一个完整的产业链已经形成。每天打开电脑,这些娱乐新闻直接跳到屏幕上，几乎是逼迫人们阅读。精明的商人迅速察觉到娱乐新闻背后的一个巨大市场，这没有什么可奇怪的。奇怪的是，那些忙碌不堪的年轻人为什么如此配合商人——年轻人对于娱乐新闻的兴趣怎么会如此持久与疯狂？日常生活中，这些故事比比皆是，许多人自己也可能充当主人公。然而，为什么你们目光再也离不开那些所谓的明星？为什么如此沉醉于他人的生活而不能自拔？电视台甚至根据这些兴趣录制了表现明星日常生活的各种真人秀节目，无非呈现他们的游戏嬉闹乃至起居饮食。奇怪的是，如此粗率的节目仍然大受欢迎，那些明星的子女一起上场，共同吸金。闲来无事，偶尔听一听娱乐圈的消息，这是调剂与消遣；每天孜孜不倦地把娱乐新闻当成精神主食，这种趣味肯定不太正常。

夏无双：其实我不是他们中的一员。虽然我是北京电影学院毕业的，当年在校内经常可以看到明星走动，比如现在特别火的小花郑爽就是我同届的，还有很多电影上院线之前会先在我们校园内举办首映式，再或者校庆时校友回来，更是到处挤满了明星。但因为我基本不看国内的影视剧，所以对当红的那些明星了解不多，也没太多兴趣，感觉他们像屏幕里的人一样，总之是隔着一层。后来很偶然我关注了一个专门谈八卦的微信公众号，才对这个行业里的人有一点了解。现在我所有的八卦来源也就是看这个公众号，一般睡前看一篇，谁谁谁怎么了，谁谁谁又怎么了，其实就是吃瓜群众，看个热闹而已，看过就丢脑后了。这与你们上一代人喜欢看国内国际新闻是不是有点儿相似？各自的关注点不一样而已。

南帆：当然，我也每天浏览新闻。首先我还是关注与国计民生有关的新闻，这些消息深刻地介入我们的生活，影响整个社会的走向，例如重大政治事件，或者国际形势、战争与自然灾害，等等，总之，都是一些相对严肃的内容——所谓的严肃，即是与我们当下的生活息息相关。另外必须承认，我对于各种时事新闻的兴趣其实也是有限的，匆匆浏览一下而已。因为工作的关系，我脑子时常被另一些问题所占据，这些问题的理论含量远远超过了时事新闻，我觉得它们对于智力更具挑战性。我的习惯往往是这样的：浏览一遍重大新闻，确认这些事与国计民生没有直接关系、不会有什么危害之后,就迅速回到自己的一贯主题。这种习惯的前提首先是,认可那些新闻的社会价值,承认这些新闻的内容可能与我产生某种交集。我从不想为那些明星的绯闻是否属实、鼻子是否垫过、准备什么时候怀孕而耗费精力。这些事情与多数人的生活又有什么关系?

夏无双:想了一圈,我周围的小伙伴也都不怎么看八卦,平时聊天都极少出现类似的话题。您指出追八卦是年轻人的兴趣,这让我觉得自己一下子老了,难道我不年轻了?其实真不是所有年轻人都对八卦有兴趣,很多人宅在自己的世界里,感兴趣的事太多了,都忙不完,哪腾得出时间和精力管那些闲事?当然八卦还是要看的。通过看八卦公众号,我确实知道很多90后和00后对追星非常的狂热,天天在微博刷他偶像的话题,看有没有人黑他们偶像,或者不遗余力给偶像刷票房刷热度热搜过生日什么的,每次看了都刷新我的三观。这应该是青春期某个阶段特别容易发生的事情,年轻总是单纯轻信嘛,这没办法。

南帆: 我有一个同龄人,年轻的时候家庭经济不够宽裕,买不起电视机,每到晚间新闻播出之际,他就会站到阳台上,聆听隔壁人家窗户里传出的电视新闻。多年以后,他终于担任了重要职务,自己也成为新闻里经常出现的人物。像不像个传奇?身无分文,心忧天下,对待国内外大事关注的态度可以看出他的社会责任心。很难想象他愿意追捧什么娱乐新闻。还有你外公,我听说他在世时每天早上起来第一件事就是看电视新闻,这个台播完了,他调到另一个台重新看一遍,然后中午、晚上仍然津津有味地反复看,连中风住院四肢都动弹不了,仍然坚持躺着看新闻。为什么两代人的差异如此之大?上一代人的努力产生了实际效果,他们为年青一代的成长提供了相对宽松的社会文化环境。年青一代丰衣足食,有条件优哉游哉地生活在手机、网络和带有空调的房间中。然而,也许恰恰由于相对宽松的社会文化环境,年青一代丧失了关注社会重大问题的兴趣,他们愿意为那些琐碎的八卦奉献所有的业余时间,这种辩证转换的确让人感叹。我想补充的是,业余时间对于一个人的精神塑造绝非无足轻重。就像一个人的无意识隐蔽地产生作用,业余时间的意义甚至不亚于工作时间——对于那些没有兴趣专注于本职工作的人，尤其如此。

夏无双：我们对国内外大事也不是都不关心，只是关注和介入的方式不一样而已。有些东西可能因为我们从小就没经历过吧，比如你们说的贫穷、吃不饱之类，我们就一点儿感觉都没有，周围的小伙伴都是独生子女，他们小时候哪个不是被大人一口口硬塞进嘴里到撑的？可能因此就少了一些忧患吧。活得比较闲了，就会给自己找一些闲消遣。现在粉丝文化非常奇葩，有姐姐粉、妈妈粉、女友粉、男友粉之类的，每种粉丝对偶像的要求都不一样。甚至很多粉丝会和偶像的经纪公司吵架，把偶像的经纪人撕走之类的。这些粉丝都很痴迷关注他们偶像的各种动态，也会在微博上搜有没人发他们偶像的负面新闻什么的，极端的二十四小时在刷微博，要是别的粉丝黑了他们的偶像，他们就会有组织地去黑那个偶像，我们围观群众称之为"吃瓜大会"。在这些狂热粉丝之间有一句著名言论就是："哥哥只有我了！"评价他们,厚道点的称为"铁粉",刻薄点的称为"脑残粉"。他们究竟是什么心理？我是无法理解的，不过也不反感。生活是每个人自己的，爱怎么过就怎么过呗，不损害别人就行。

南帆：我们当然也会有自己喜欢或者崇拜的艺术家、体育明星，但是，通常意义上，我们愿意做的就是，安安静静地欣赏他们的作品。明星的最大价值不就是显现在作品中吗？我从未想到介入他们作品之外的个人生活。正如一个学者所说的那样，吃一个鸡蛋，又有什么必要兢兢业业地认识母鸡呢？如果偶尔谈论一个艺术家的私生活，一定有一个前提：这一部分生活与他的艺术创造存在密切的联系。20世纪60年代，整个国家只有《红灯记》《智取威虎山》等八个样板戏，舞台上的几个演员历历可数。尽管如此，人们对于那些演员的生平几乎一无所知。一般地说，艺术领域与私人领域泾渭分明。回到私人领域，每一个人都有自己的隐私和尊严，没有理由贸然进入别人的私人领域，更没有理由放弃自己的尊严，低三下四地尾随在所谓的明星背后，刺探他们的生活琐事，把那些狗血剧情当作自己生活的营养品。所以，我时常对于现在的年轻人感到陌生。你们的手机里存着一大堆明星的相片，说起他们的私事如数家珍，对于他们各种私事的熟悉程度远远超过了对于艺术的了解，这不是非常奇怪的颠倒吗？

夏无双：你们那个年代是这样的啊，因为那个年代的导演演员编剧都是在认认真真地做事情，目的是为了拍出好电影、好作品，就是所说的"艺术至上"。但是现在，特别是最近这些年，电影电视剧粗制滥造的居多，不然就是各种抄袭日剧韩剧美剧英剧，山寨得不要不要的。大部分新生代演员没有演技，靠着一点长相，全程只会瞪眼睛噘嘴扮萌挣眼球。那粉丝怎么吹捧？只能说某某对工作人员很好啦，某某很关心粉丝啦，某某和某某又去哪里吃饭啦。不然粉丝怎么说，说我家偶像演技好？台词棒？角色揣摩得特别到位？就算粉丝滤镜再厚、再瞎，大部分也不好意思说他们的偶像是实力派演员，演技杠杠的。当然有一部分的粉丝已经疯了，偶像全程面瘫脸加上宛如弱智一样的低能演技，他们依旧觉得超级棒棒哒。这些人可以送一套扁鹊三连：治不了，等死吧，告辞。

南帆：我知道，所谓的粉丝文化来了，全世界通行的现象。我们这一代人有过沉痛的教训，对于所谓的个人崇拜深怀警惕，强调的是理性和独立思考。我始终模糊地觉得，这个问题上没有什么分歧。可是某一天，我突然在电视里看到，一个流行歌手在台上唱歌，台下所有的年轻听众动作划一地挥舞一个统一的灯棒，脸上一副如痴如醉的催眠表情，不时情不自禁地发出尖叫，像被施了魔咒似的。这种状况是从哪一天开始的？我真的吓了一大跳。后来我才知道，粉丝文化包含了各种极端的情节。一个中国的初中女生，听到欧洲足球队的某一个球员已经秘密结婚，她当场就痛哭起来了。这是一种健全的人格吗？

夏无双：很多女粉丝都喜欢在网上叫王思聪"老公"，这当然有开玩笑的成分，但有没可能在日积月累中，不知不觉地代入感太强了？管她们哩，反正还年轻，狂热一下也没什么大不了，我感觉还上升不到人格上来评价吧？似乎这种粉丝文化是十几年前从韩国传来的。韩国日本的偶像团体有自己的专属应援色、应援物等，粉丝要是弄错了，会被其他粉丝集体围攻什么的，非常奇葩。还有中国的偶像团体用了韩国偶像团体的应援色，导致两个团体的粉丝在微博上吵架互掐什么的，这种事情非常多，已经见怪不怪了。我也搞不清楚那些粉丝的脑回路，看类似新闻时，我真觉得自己老了，不是一个星球的，哈哈。

南帆： 我先前说过，一批文化商业机构不断地利用粉丝文化谋取商业利益。他们不断地在传媒上抛出明星的各种轶闻，诱使你们消费这些文化产品，直到你们再也离不开。你们慢慢开始有了这种感觉：这些与你们毫无关系的内容成了生活的一个不可割除的组成部分。这甚至构成了一种奇怪的"瘾"，哪一天没有和这些明星产生联系，生活仿佛就缺了一角。我不知道韩国或者日本的粉丝文化渊源。我感到奇怪的是，为什么智商或者鉴别力如此之低，这么快就遭受那些家伙的蛊惑？

夏无双： 我没有，我不是，我拒绝，否认三连……

南帆： 粉丝文化的一个重要特征是，没有自己的主体，只知道为明星喝彩，永远是一个鼓掌的观众和啦啦队员，从来不愿意想一想自己怎么当主角。一个人每天花大量时间坐在沙发上，几乎说得出每一位 NBA 篮球明星的成长史，可是，他的双手已经多年不碰篮球了。时间长了，他们的精神同样丧失了充当主角的意向。我不是说充当主角就要变成多么伟大的人物,而是说可以自己掌握自己的思想、意志和言行。对于现代人来说,我相信这是一个起码的要求。

夏无双: 哈哈哈……你说的不就是我表弟吗? 一模一样。他就是对NBA每个球星张口就能背诵出一部成长经历,虽然在我看来那些黑人球星都长得一模一样,但是他就是能区分出每个人都是谁,叫得出他们的全名和外号、有过哪些惊天战绩,等等,可他自己上场打球却并不怎么起劲,偶尔动几下就喊累。

南帆: 粉丝文化的内在机制分析表明,这同时是一种奇特的心理现象。精神分析学倾向于认为,粉丝文化的一个重要原因源于孤独。充当某一个明星的粉丝,如同虚幻地加入某一个文化共同体,成为那个共同体的一分子。尽管只是置身于世界的某一个角落,但是,粉丝文化营造了一种感觉:他们与那些著名的明星同在,是一个彼此声援的团体,甚至幻觉时刻倚靠在那些明星的身边,享受他们的温暖。我深感惊奇的是,如此肤浅的幻觉可以让那么多人入戏如此之深,以至于他们完全无视身边真实的日常生活。

文化学家曾经考察过报纸的起源。一张晨报在手，一边啜着咖啡，一边读遍报纸任何一个角落的每一条无关紧要的社会新闻，这有什么必要？市场上的木材近期降价、动物园里的熊猫生产了三只崽子、东南亚某个国家出现了一场离奇的车祸，这一切与你有什么关系？你有什么必要花费时间阅读这些消息？事实上，阅读这些消息让人觉得与世界同在。虽然身居狭窄的一隅，然而，世界环绕在周围，这种感觉有效地驱走一个人孤立无援的状态。这时可以说，粉丝文化产生相似的心理安慰。单位或者企业没有耗尽全部精力，还有一部分内心的情感无从寄托，于是，在各种传媒的诱导下，人们就欣然加入某一个明星的粉丝团，从而为自己虚构一个玫瑰色的精神家园。

通常的意义上，所谓的粉丝文化无伤大雅，一种不那么有价值的精神寄托罢了。但是，一旦这种粉丝文化进入极端状态，粉丝的心理或者人格将会产生巨大的扭曲。不同明星的"铁粉"形成不同的文化阵营，相互攻击，甚至大打出手，这显然是一种无聊的消耗。另一些粉丝开始以实际行动干预崇拜对象的私人生活，追踪、示爱、寻死觅活，这已经进入心理变态的范畴。

夏无双：您厉害，您说得都对，给您鼓掌，给您小红花！

南帆：能否坦白一下你的追星史？哪一类型的明星是你的最爱？为什么？

夏无双：我分二次元和三次元的呀，我二次元的是赵子龙，勇敢、担当、忠义、武功高强、才华横溢，还英俊帅气高大魁梧，男人的所有优点似乎都具备了，神一样的存在；三次元我分为看剧粉的明星和纯看颜值的明星，看剧粉的是长濑智也和松岛菜菜子，他们两个的剧都很不错，特别是长濑智也和宫藤官九郎合作的电视剧和电影，都非常好看。纯看颜值的是金城武和深田恭子，神颜好吧，看着脸就能多吃两碗饭那种。虽然恭子的演技十年如一日，剧本质量起伏比较大，但是我就是她的颜粉。我还粉另一类型的明星，虽然严格意义上来说不算是明星吧，那就是电子竞技选手，也就是游戏玩得很好的职业玩家。我原来也不看电竞比赛，后来我玩的一款游戏《守望先锋》创立了职业联赛，我才开始看比赛，知道这些选手的。我最喜欢的选手是 Seoul Dynasty 的自由人——RYUJEHONG（柳济鸿）。在他们队还叫 Lunatic-Hai 的时候我就一直粉他了，他在守望圈子里算是一个传奇选手。柳选手今二十七岁，这个年纪在电竞圈里算是很大了，但是他给我们展示了一个辅助能做到的极限。在中国、欧美，不论是我这样的纯业余玩家，还是职业玩家中，他的粉丝都不计其数。就算不看比赛的守望休闲玩家都知道 RYUJEHONG，曾经的世界第一安娜，他是所有辅助玩家的偶像。守望先锋联赛在微博上开的官方号，会发选手的介绍和精彩操作，一般转发和评论是一百条上下，但是 RYUJEHONG 的视频转发量一般都能达到五百以上。我也基本只看首尔队的比赛，算是他们的粉，给他们打 call。

南帆： 这应该是新现象，连打游戏的人都可以圈粉了。要知道，在我们这代人中，绝大部分对游戏还是深恶痛绝的。这可能要交给时间来消化。

不知你是否总结过，娱乐新闻擅长推出哪些明星？世界上有成就的人比比皆是，哪一类型的成就才能发展为娱乐新闻之中的明星?

夏无双:啊,这个我真的不是很了解啊……我觉得现在估计是有话题性、会炒作的明星才行吧。您要是想知道我可以把那个关于八卦的公号推给您……

南帆: 不需要!为什么只有演艺圈与体育运动员才可能成为明星?声名卓著的核物理专家、生物学家或者经济学家、历史学家、文学家基本上没有成为明星的希望,尽管他们对人类可能做出了巨大的贡献,却没听到他们有什么粉。这是为什么?一个秘密的规律是,所谓的明星必须身体出场,明星必须向大众展示自己的身体形象。目前为止,只有演员和体育运动员有条件公开展示自己的身体形象。各种科学家或者思想家奉献的仅仅是词语组成的著作。尽管这些著作拥有巨大的价值,但是,这种价值只能诉诸理性而无法引起大面积的原始冲动。前一段娱乐圈掀起了轩然大波,一些演员遭受严厉批评。某些民间人士的批评言辞有些粗暴,将演员说成"戏子"。一位作家出面打抱不平,认为演员的崇高威望来自他们的演技,演技当然是一个重要因素,但是,正如你在前边说过的那样，一些演技非常差的演员仍然可以当明星——身体的出场是一个重大秘密，颜值是身体构成最为重要的组成部分。

夏无双：爱因斯坦貌似在他那个年代和明星也差不多啊，到哪儿都有粉丝的那种。现在这种明星其实越来越多了，不仅局限于演员和运动员吧。前一阵子成为网红的杜甫、李白啥的，还有现在连直播吃饭、游戏的大主播成为明星的也越来越多了。网友的兴趣点很奇怪而且变换得特别快，眨眼间就淘汰掉一批。有些主播莫名其妙突然红了，又莫名其妙突然黯了，总之，起和落都身不由己的那种。当代的明星千奇百怪，各式各样，比如刚才说的韩国那个游戏选手，反正已经不像是以前那样仅仅局限于演员或者运动员了，您的认识也要与时俱进哈。

南帆：爱因斯坦享受明星待遇吗？似乎没听说过。我很难想象一大批所谓的粉丝为他们所不理解的相对论公式兴奋地尖叫或者挥舞灯棒。李白、杜甫突然成为网红却不因为他们的诗歌，这种现象都意味深长。可以回忆一下，娱乐新闻中哪一个著名的明星身体形象缺席？所谓的明星不可能只有一个名字，不论拥有多少身家，多少耀眼的头衔，明星的身体形象是无数粉丝热情的真正聚焦点。明星的发式、服装、鞋帽、化妆品乃至汽车都是身体形象的延伸。比如刚刚结束的世界足球赛场上，那些强壮的运动员疾速奔跑，汗水流淌的躯体上流露出不尽的活力，他们身上显示的速度和力量激起大众隐藏于内心的某种原始欲望——这种本能来自动物的遗传；屏幕上演员的姣好形象散发出另一种吸引力。不可否认，这些形象构成了某种性幻想的对象。尽管这种性幻想与付诸实现之间存在不可企及的距离，但是，性的吸引力始终存在。这种性幻想显然是公开的秘密。所以，许多演艺明星必须隐瞒自己的婚姻，公开自己的婚姻无异于打击粉丝的性幻想，这可能导致巨大的商业损失。这从另一方面证明，年轻人为什么是娱乐新闻的主力军——他们是性幻想最为活跃的群体。如果说，明星们的演艺、体育成就仅仅是娱乐新闻的表面文章，他们的身体形象才是真正的核心内容。

夏无双：也不见得，赵本山、冯巩、宋丹丹、范伟，这些都

· 林那北长篇小说《剑问》插图 ·

· 林那北长篇小说《剑问》插图 ·

长得很一般,一点都不姣好,但他们都是我小时候耳熟能详的明星啊,是不是我们本山叔太久没上春晚您都把他给忘了呀哈哈哈……还有比如张艺谋、姜文、王家卫这些导演也算明星吧,明星分为很多类啊,不一定都是身体形象的延伸。当然现在很多明星是这样的,比如某些女明星甚至成了带货女王,她们穿的衣服总是很快就成为淘宝爆款。现在购物手段越来越丰富,不仅可以在百货商店的实体店买,也可以在淘宝、天猫、京东、海淘还有各种 APP 上购物,而明星用的同款产品销量好的原因一部分是因为粉丝效应,粉丝会去买他们偶像用的产品。另一部分估计是因为明星的生活现在基本都是透明的,他们用什么产品,什么效果,不管是不是化妆或者 P 图出来的,反正效果摆在那里,让普通人各种羡慕嫉妒恨,自然就有很多"粉"跟着去买。至于说"性幻想",好像也不一定吧?那些麻秆似的小鲜肉要肌肉没肌肉、要身板没身板,看着就像没发育的小屁孩,根本就不是个事。

据统计足球女观众越来越多,我敢断定这其中有不少只是随大流凑热闹的,至少我是其中一个。每天到处都是世界杯的消息,手机滑一下就是一大堆视频，碰到一起也是七嘴八舌说谁赢了谁输了，谁多倒霉谁多厉害，这就形成气场，很容易就被卷进去，随随便便瞄看，看完就随随便便丢到脑后。解说员太厉害了，足球到任何人脚下，他都能马上说这个人的名字，好像这人是他亲戚似的。我好像记住名字的不上十个，还是特别好记的那种，比如梅西、C罗之类。名字太怪太长的，记不住就不能怪我。

南帆： 你这样的观点，在同龄人中算另类吗？

夏无双： 不知道呀，应该不算。我同学或周围的朋友好像也没几个太把明星当回事的，倒是听说一些年纪更小点的，会表现出"脑残粉"的特质。前一阵薛之谦恋情不是闹得很凶吗，一个朋友的妹妹发现自己偶像人设崩了，哭得很惨，她不是矫情，是真痛苦。她是不是把薛之谦当成性幻想对象了？这我说不清楚，也许仅仅是看着顺眼吧？就像我们的胃口一样，没有什么道理，就是爱吃某种味道的菜，没办法，挡都挡不住。朋友中也有特别迷某支球队的，就是那种死忠粉，喜欢的理由千奇百怪，比如英格兰是足球发源地，人家是正宗而非杂牌的，所以赢才是硬道理——偏偏输了哈哈。

南帆： 演员明星中，有一个时常争吵的话题：整容。如若要抹黑一个明星，说她或者他那一张漂亮的脸蛋是整容出来的，对方一定会跳起来。这种言论的杀伤力比批评他们的演技不精要大得多。狗仔队不仅仔细地分析、比照演员整容前后的照片，甚至挖出医院的病历卡。他们非常清楚这些信息的分量。

　　一个演员的成就往往体现于他们塑造的角色：无论是小贩、农夫、士兵还是官员、老板、淑女，活灵活现，声口毕肖，这即是"硬功夫"——他们通过自己的艺术实践创造了美。可是，整容不也是如此吗？自己的容貌不够理想，那么，通过后天的努力使自己的颜值大为提升，不偷不抢，这又有什么不对？为什么那么多演员听到"整容"这个词就气急败坏，要么千方百计地隐藏整容的事实，要么竭力洗白否认，并且威胁说要打官司？

　　你能接受一个"整容"过的演员吗？

夏无双：这里有两个概念：明星和演员，明星可以没有演技，而演员一定是要有演技的,所以明星可以整容而演员不行。因为整容会导致一个演员演不出复杂的表情,这是马伊琍在一个采访节目里说的。很多演员的表演证明了这个论点,比如一位很著名的李某某,她以前是演员,现在只能算明星了,她这两年又出来演电视剧,那个演技和她以前相比简直月亮比乌龟,表情非常僵化,就是所谓的"僵尸脸"。还有演技超级尬的某位大宝贝,也是典型代表。明星不需要去演戏,他们只需要卖人设,发美美的照片就行。

南帆: 你这么区分明星和演员,这还是我第一次听说。照你这么说,演员是个人才,明星仅仅像一个美学展览品。估计明星不怎么愿意认可这种理论,尽管"颜值"在他们心目中具有超常的分量。明星只负责修饰一张漂亮到虚假的脸,只有演员才会真正使用脸——就像一个木匠使用锯子、军人使用枪支一样。人的脸是一个极其奇妙的器官,我写过一篇很长的文章:《面容意识形态》,分析围绕人的脸形成的各种文化观念。这篇文章曾经引起一批画家的重视和讨论,但是,我估计你没有读过。某些动物看不出脸在哪儿,例如海蚌,或者海蛎。我们所熟悉的许多动物也有一张脸,可是我们只能从这些动物的脸上捕获很少的信息。狗或者猫与人类经常接触,我们多少能够从它们的脸上了解这些家伙的心思。牛会流泪,牛被宰杀之前的悲哀会从眼泪和声音中流露出来。羊太善良了,脸上总是一副无比信赖的表情。老鼠呢?不太清楚,很少有机会与老鼠长时间面对面地交流。另一些动物就无法可施了,你即使再努力,也没有办法从一只蟑螂或者一条蛇的脸上了解它们的喜怒哀乐。

　　人类对于彼此的脸有过深刻的研究。我们可以一眼就辨认出两张不同的脸,断定这是两个不同的人物。我们常常说,没有两片树叶是相同的,但是,说出两片树叶的差异要比说出两张脸的差异困难得多。更为奇妙的是,人类的脸上可以产生极为丰富、极为微妙的表情,这些表情又能被对方准确地解读。现在的手机里已经配备了各种"表情包",然而,我们脸上表情的数目可能超出大多数人的预料。研究表明,脸上可以产生六千到一万种表情,另一些研究认为没有这么多,大约四千种。可是,我们的常用字不过三千多字。这就是说,人类脸上的表情已经构成了一个与日常文字相当的符号系统,是不是有些不可思议？作为一个学绘画的人，你研究过这个符号系统吗？例如嘴巴、眼睛、鼻子如何搭配，可以产生轻蔑、崇拜或者惊喜的表情？

夏无双：这个我大学时人物设计课曾学过一点皮毛，老师提醒我们要从人物性格着手设计角色外形。比较通用的套路是：坏人的外形线条多棱角，眼睛细而长，造型中三角形元素用得比较多。好人的外形线条多圆润，造型中圆形及椭圆形元素用得多。迪斯尼以及皮克斯的动画人物造型基本都是遵守这个原则来画的。而表情也是如此，偏积极的表情都是圆形的，消极的表情是长条形的。

南帆：这种比较概念化的评判人物外形，一般适用于动画，否则，像我这种眼睛细而长的人太冤枉了。其实关于人类的脸，还有许多可说的。譬如，为什么选择脸作为代表一个人的基本符号？为什么不选择巴掌或者胸膛？也不选择脸上的某一个器官——譬如前额或者鼻子？我要重点提到的是一个与整容密切相关的问题：美，也就是通常所说的"颜值"。为什么这种五官构造称之为美，所有的人都喜欢，另一种五官构造平庸无奇,甚至丑陋不堪?比如你们依据什么判断,我这种单眼皮的细而长的小眼睛无法赢得美学上的肯定评价?即使拥有鹰一般的视力,小眼睛仍然令人不屑,导致一些人宁可承受皮肉之苦也要把眼睛割大。这种困惑你这类天生大眼睛的人是不会有的。生理器官进入美学领域,生理功能的意义极大地下降,这无疑构成了一个重大的文化转折。一般地说,我们不会使用这种表述:他有一个英俊的胃,或者,我有一个帅气的肝,但是,英俊或者帅气的脸是一个正常的形容。这种文化转折具有深远的历史意义。生理基础上的竞争可以测算出来:一个成年男性胳膊上肌肉产生的力量与另一个男性相比不至于产生过分悬殊的后果——前者的力量不至于超过后者十倍。然而,相貌之间角逐的后果无法估量。一个女人由于漂亮的相貌而改变命运,她的收入可能比正常人多出一千倍。美的社会效益显然是许多人"整容"的重大动力。帕斯卡尔说过一句很有名的警句:"克利奥巴特拉的鼻子,如果它生得短一些,那么整个大地的面貌都会改观。"克利奥巴特拉是埃及艳后。如果她没有倾城倾国的姿色,无法入主皇宫,迷住一大批权贵人物,历史或许必须一定程度地改写。

作为一个从小学绘画的人，你显然关心的是怎么创造一张符合美学的脸。那么，你又是如何看待"整容"的自我设计？

夏无双：并不是单眼皮小眼睛无法赢得美学上的肯定，而是要看整体五官比例，有的人就更适合单眼皮小眼睛，有的人则适合大双眼皮，这个和鼻子有着很直接的关系。鼻子又高又挺的人不适合单眼皮小眼睛——但您是个例外，日本也有一些男明星是例外，在你们那一代人中很火的三浦友和就是单眼皮高鼻梁。反过来，鼻子塌的人眼睛大就会显得很没有精神。高鼻梁大眼睛是欧洲人标配，亚洲人单眼皮小眼睛配上扁平鼻子倒也算和谐，基因是没办法的事。这就是现在"整容"的最大问题：不按照各人特征设计项目具体操作，千篇一律割双眼皮、垫高鼻梁，跟流水线弄出来似的，导致整容脸非常容易看出来。不仅因为脸僵，而是五官不协调，这里五官不仅指大眼睛、高鼻梁、尖下巴，也包括眼距、鼻子长度、人中长度、下巴长度，等等。我们第一节人物素描课老师就跟我们说最重要的是三庭五眼，五官比例不对，放在脸上怎么看怎么别扭，整得再好看也没用。

南帆： 这个说得比较专业化，不过美容业离这个因人设定的距离估计还有点儿远，或者即使已经有了，费用也不会低。按照一个人的个性设计美容方案，这似乎还很遥远。一个正常的社会往往尊重大多数人的意见，可是，容貌这个领域恰好相反，大多数人都对自己的容貌没有信心，他们的人数无助于转化为容貌的美学标准。许多人的一个秘密梦想是，如果我有一张褒曼或者范冰冰的脸那该多好呀。所以，稍稍观察即可明白，整容背后隐藏了许多人——尤其是女性——的期待。现在，科学突然许诺说，可以通过整容实现这种梦想。一个多么伟大的功绩，无数人为之雀跃。作为一个旁证，整容产业具有不可思议的利润。然而，所有的女性都不愿意堂而皇之地公开这个梦想。你觉得这是为什么？

夏无双： 这个梦想不仅仅女人有，很多男人也有啊。现在年青一代的男生中，据我所知敷面膜、做美容也挺普遍的，甚至也有热衷微整形，垫垫下巴，或者打打瘦脸针之类的。不是很多国际大牌化妆品现在都推出男用系列产品吗？有市场他们才会生产。爱美之心人皆有之嘛，当然这些人中，女性的比例会更多一些。其实所有人都认为自然美是最好的啊，不然为什么现在这么流行裸妆？就是明明化了妆，可看上去却像没化妆一样。您这样的钢铁直男肯定很奇怪，化了妆和没化妆一样，费那么多功夫有什么意义？多浪费时间啊！其实这里头是有奥妙的，因为评价漂亮的最高境界就是素颜漂亮，所谓纯天然的美人坯。但哪有那么多纯天然啊，很多天然根本是很不纯的，无非化妆技术高超而已。而整容能让很多平常的女孩子素颜就变得漂亮，即使卸了妆，看到镜子里美美的自己，心里也是高高兴兴的。化妆很重要呵，现代城市哪个女孩要是不懂化妆，天天素颜，好像又会被抨击成男人婆、缺乏生活情调之类的。前两年我去日本玩，看到街头很多上年纪的女人，走路腿都迈不直了，背也弯了，但仍然妆化得很精致，涂厚厚的粉底，抹很艳的口红。她们可能觉得化了妆出门是一种礼貌，尊重别人也尊重自己。我觉得挺好的，女人肯想尽办法把自己弄漂亮，至少她有事可做。老了用化妆来打发时间，是不是更应该鼓励？每个女人都漂漂亮亮的，对国家也有好处，看着就来精神，很正能量啊。

我觉得人都会自我欺骗，如果整过容后变美了，久而久之我猜会很快忘了以前自己真正的样子，认为天生就这么漂亮，已经艳压群芳了，爽得不要不要的。这当然只要自己心里暗搓搓美美哒就行，有什么必要告诉别人呢？哪一天要是谁在脑子里植入个芯片，一下子变成全世界最高智商和情商的人，无所不能天下无敌，只要新闻不报道，他肯定也希望把这个秘密吞到肚子里，仿佛他是老子天下第一的真天才，让大家流着口水来膜拜吧？哇，这个想想倒挺有意思的。

南帆： 你对于整容保持了一种宽容的态度，可是，舆论似乎不是那么认可。按照我的分析，两个观念成为整容的文化障碍。许多人起初觉得，整容是对于"真"的冒犯。整容似乎是一种伪饰，一种造假。事实上，所谓的"真"指的是来自父母的五官，"真"其实是"天生"的同义语，天生丽质者是"真"的美，所以，这种"真"的尊重源于祖先崇拜。身体发肤，受之父母，父精母血，不敢毁伤。祖先崇拜的观念强调血缘关系的神圣，古代社会中，血缘关系与财产、权力的继承紧密联系在一起。现在,手术刀和药品开始大胆地冒犯生物遗传。由于现代科学的支持,人类居然试图在生物的意义上重新设计自己,这可能带来某种文化威胁。尽管整容的意义仅仅是追求美,但是,一个人任意改换自己的面容,即使对于社会管理也是一个巨大的潜在威胁。户籍管理机构或者海关发现,某一个人的相貌与他先前的相片不符,这肯定构成了一个麻烦的问题。当然,这些观念往往处于模糊状态,这些心理界限导致人们对于整容的模糊不安乃至不满,也导致整容者不愿意坦白。

另一种观念更多的是"现代"的,整容价格不菲,许多人无法完成。这种状况带来了另一些想法——那种虚假的漂亮又有什么了不起?无非是钱堆出来的。如果我和你们一样有钱,我也会这么漂亮,甚至更漂亮。这是另一种模糊的观念,我相信这种观念同样也会给予整容者一定的压力。

夏无双:可能只有您这样整天忧心忡忡的学者才会觉得整容是一种冒犯吧?我相信大部分人脑子都不会往这方面去想。只要腰包鼓起来,又有不怕针和刀子的胆子,冒个险而已,万一真的变美了呢?总之很多人只是很现实地看这问题，不会像您这样从文化的角度去分析。

当然整容确实也会带来问题，不是网上常有一模一样的"网红脸""蛇精脸"出现吗？长得都差不多，甲和乙看上去区别不大，比双胞胎更相像。这时候要想弄清楚谁是天生丽质，只能拼童年照了。小时候没整容这一说，五官都摆在那里，这个逃不掉。比如林青霞、孙俪等人小时候的照片就很好看啊，那才叫天生丽质。

我觉得这几年整容这么火爆，跟偶像的盛行和直播行业的兴起有很大关系。直播行业的最初口号就是：人人都可以当明星。很多女主播为了人气去整容，然后对着镜头卖卖萌、发发嗲、聊聊天、唱唱歌，月入几万，大主播甚至十几万。这个行业满足了我们从小开玩笑说的理想：以后最想去的就是钱多、事少、离家近的单位，甚至观众都哄着你，把你当老板。这个行业来钱快，不需要太高的智力，对学历、能力也没太多要求，导致了越来越多的年轻女孩子去整容。去正规医院和机构整容应该不会有什么问题的吧？但是那种地方肯定价钱高，没那么多钱但是又想整容，就去那些便宜的地下诊所了，所以近几年被曝光的整容医疗事故越来越多，但仍然挡不住后来者。

南帆： 作为一个妥协的措施，化妆并未引起世俗社会的反感。化妆对于美的追求与整容如出一辙，但是，化妆仅仅是一种临时性虚构。化妆许诺说，卸妆之后会归还一个本来的自我，这种骑墙的姿态在美的理想与血缘关系、社会管理之间找到了共同认可的折中方案。

夏无双： 化妆又被叫作小整容啊。您没看抖音现在很火的卸妆视频，什么假鼻子假下巴，那些人卸妆前后简直不是一个星球上的，变化太大了，和整容没啥区别，我都看傻了。这些视频发到外网上去，把老外也看得目瞪口呆一愣一愣的。这个和通过化妆把自己变美正好相反，故意露丑，也是为了点击量豁出去了，就是怎么吸引眼球怎么来。有人把化妆技术最牛的日本化妆术与中国的 PS、韩国整容术、泰国变性手术合称为亚洲四大邪术。亚洲人可能内心还是挺自卑的，肤黄、个矮、脸扁平，都是命嘛，不认命的人恰好又多金就会去折腾一下。折腾后如果有效果，其他人看着眼红了，就会跟上。商家一看有利可图，就赶紧扑过去。网上最火的就是日式化妆品，街上最多的就是韩式整形广告，原因就在这里，有市场嘛。

南帆： 从明星八卦到整容术，这些貌似非常世俗化的话题涉及若干非常严肃的主题。我们都可能迷恋什么、崇拜什么，但是，必须善于反省自己，分析自己迷恋和崇拜的原因，甚至发现自己的无意识，这有助于回归理性，从而保持一个健全的人格。整容或者化妆似乎涉及"真"。可是，什么叫作"真"？只有原始的自然状态才能称为"真"吗？事实上，这种"真"所力图保持的纯正血缘具有深刻的历史原因。基因是生物学的表述，可是，当某种基因与家族名声、财产数目、社会地位与生活方式联系起来之后，生物学就转向了社会学。所以，整容所激起的争论背后隐藏了众多文化观念的博弈。"真""善""美"都涉及了吧？这也是我们之所以花费如此之多的时间和你讨论这些问题的原因。

装进校园的时光（上）

主持人语：教得那么苦，育得那么累

    初秋时去北京出差，清晨在一片"我要回家！"的喊叫中醒来，是一群稚童撕心裂肺的声音。从窗户往外看，原来宾馆旁是一所占地面积庞大的幼儿园，外墙涂满花花绿绿的卡通画，操场上各种供游玩的器械华丽壮观，可是，校门口却宛若刑场，几具小小的身体在家长怀里竭力挣扎，脑袋后仰，四肢狂舞，卡通画装饰的房子和可以玩耍的操场丝毫吸引不了他们，他们要回家。

    我的心猛地一揪。

    二十多年前，当我把无双送进学前班时，这一幕不是也屡屡上演过吗？哭，拼尽全力哭至满脸发紫，而肢体则爆发出犹如下地狱的抗拒。两岁零三个月的小女孩，整天被孤独所笼罩，动不动就可怜巴巴地问："妈妈，你能不能再生一个夏尤双跟我一起玩？"终于有机会玩伴众多了，她却恐惧至此。其实每一天我都油生妥协的念头，但好不容易争取到的入学资格又让我一天天硬起心肠。她是全班年纪最小的一个，今天头发被揪乱，明天衣服内灌满沙子,再或者今天脸上被抓破,明天胳膊磕青一块。有天忽下暴雨,为了避过最大的那一阵,我推迟接她,等赶到学校,天已微暗。远远见门口小小的一团,是她,她手托腮独坐,大眼储满泪。我迎上去,把她抱起,她双臂箍紧我脖子,身子微微发抖,泪落下,但仍抿紧嘴隐忍着,一句话不说。全校都空了,只剩一个值班老师,她正安然边吃饭边看电视。

她为什么不能把门口的小女孩抱在怀里陪她一起看电视?她为什么不能拿一点食物让小女孩消解饥饿?我一下子明白了小女孩在这里过得不快乐的原因。

初入小学时,她仍然是全班最小的一个,个子也小得只能坐第一排。胆小不敢举手、常常写不好字,这都被班主任认定是罪大恶极的,训斥接二连三。有天回家右边脸是瘀青的,接着变黑,用艾草熏两天仍未散去。忍了又忍,决定不忍了,我大步踏入学校,对班主任说:"你可以打她,我也打过,但请下手轻点。"她是一个二十多岁的年轻女子,师范毕业没几年,未婚未育,相信她确实是出于把小女孩引上正道的良好动机,却没想过那一掌下去,会在幼小生命里留下什么样的阴影。我永远无法忘记每天上学送到校门口，她边走边不停回头望向我的那种无助与无奈的眼神。教育之门在她前面犹如深渊，被迫踏上，怎能有快乐与激情？

但很奇怪，从这场对话中才知道，烙在我心头的这些痛，她自己却完全忘却了，留下的是无数兴高采烈。不记仇是她的特点，但必定还因为这十多年的求学时光中，有更多好老师给予了温暖与关怀。幼儿园三年她被老师宠过，这修复了学前班的苦痛；初高中后她学业上突然开窍，这弥补了她性格上的怯弱……我至今仍记得幼儿园那几个老师的名字和面孔，前些日子偶然路遇一个，我一下子喊出她名字，而她也马上说出小女孩名字，并说：一直记得那双大眼睛。那个瞬间，我一下子眼眶潮湿。

关于教育问题，其实之前我并不看好，很多事真的不可说不便说，没想到他们这个对话却有意想不到的精彩。每个人把那么多时光交给校园，校园的温度事实上就成为生命最初的底色，祝福所有的孩子和家长。

南帆： 来聊一聊各自的学生时代吧。我们可以不必过多地涉及教育这个重大话题，仅仅谈论各自怎么当学生的。从小学进入学校到结束学生身份步入社会，是一段非常重要的时光。不同的年代学制不同，我初中与高中加起来仅四年，你们小学六年、中学六年，如果算上幼儿园和学前班，加起来就超过十五年，此后还有大学和研究生。不管怎么说，一个人生命之中使用如此之长的时间用来当一个学生，肯定会有很多特殊感受。但是，真正触动我的是另一个现象——我们的学生时代如此不同。我是恢复高考后的第一届大学生，也就是通常所说的"七七级"，事实上是1978年初才入校。我的本科是厦门大学中文系，你是2007年考入北京电影学院的动漫专业。从1977年到2007年，中间相距三十年。这三十年社会各方面变化都非常巨大，我们之间的学生生活几乎没有什么共同点。事实上，许多方面可能恰好相反。

夏无双：您说的相反主要是指学习上吧？反正我们考试的次数和所做的作业肯定比您那一代多海了，考得不好和因为作业没完成所挨的骂也比您多无数。总之我们是顶着沉甸甸的分数一年年长大的，而您却没有，真爽。

南帆： 的确，我们那时读书大体上处于"无政府"状态，没有人操心我们读得怎么样。但是，我没想到这种状态在你那里居然换到了一句"真爽"的评语。

有件事非常凑巧，我父亲1947年上大学，与我上大学的时间也是相距三十年。他和我之间的三十年同样天翻地覆，我与他的学生生活也找不到什么共同点。我祖父是一个小资本家，拥有一两家小工厂和一个船运公司。父亲曾经是一个小少爷，衣食无虞，小学与中学通常与几个身份相近的学生玩在一起，相当活跃。中学毕业之后，他到宁波当了一年中学教师，据说教化学。不久之后他考上大学，同时被海南大学的化学系和上海大夏大学的社会教育专业录取。一个是理科专业，一个是文科专业，当时的文科和理科并没有什么壁垒。父亲选择了大夏大学的社会教育专业。事实上，他仅仅读了一年左右就参加了进步学生运动，成为"南下服务团成员"，斗志昂扬地从上海返回福建，投身于福州解放之后的繁忙工作。

大夏大学是华东师范大学的前身之一，五十年代，大夏大学与另外几所大学合并为华东师范大学。非常凑巧，多年之后我考上华东师范大学研究生，这是我与父亲接受大学教育的一个奇怪的交集。除此之外，我与父亲的经历就找不到共同点。我中学毕业之后下乡插队接近三年，然后考入厦门大学，继而读研。换一句话说，进入大学之后获得的教育倒是相对完整。有时看到一些家学渊源的学术专家，心中难免感叹。那些家庭的父子或者母子都是同一个专业的教授，绵延相传。而我父亲其实无法在专业上给我提供什么帮助，我对于学术的认识是很迟以后的事情了。下乡劳动，前途渺茫，突然大学之门梦一样打开，于是在懵懂之中开始踏上求知之路，很幸运，也很偶然。这一切对你来说可能十分陌生，你们自从懂事之后，"大学"可能就是一个沉重的概念悬挂在面前。十八岁以前，你们的人生目标就是锁定考取大学，独生子女与努力考大学是你们这一代最为显著的两个特征。

几代人经历的差异如此之大，令人感慨。我不仅清晰地感到了时间维度后面的变化，同时还察觉到这些变化背后存在一系列严肃的文化问题。时至如今，回过头来，你如何看待自己的学生生活？

夏无双：我的学生时代正好处于应试教育与素质教育的改革

交接点，既没有太多的作业，也不像现在的小朋友连周末都被各种补习班填满排满。说实话，我对我学生时代的记忆大概是从初中才开始的。据说我刚进学前班时快哭断气了，我外公外婆爬到学园对面的建筑物上眺望，居然听得见我大嗓门的哭声，他们也跟着流泪了。上小学才六周岁，刚入学时特别不爱去学校，每天早上也是哭着赖在床上不想起来。可能因为那时年纪太小了，这些事其实都模糊了。初中就不一样了，班上的同学都特别有趣，很多事现在想起来都非常有意思，所以那时就觉得到学校挺好的，在家一个人没有玩伴，一到学校就开心得不行，嘻嘻哈哈地闹个没完。我现在特别好的朋友也基本都是初中同学，大家一起从那时走过来，彼此知根知底，虽然现在各自所学的专业分歧非常大，做金融、当医生、搞IT、开公司之类，反正隔着几座山，但谈起来还是像以前一样融洽投机，连笑点都很接近，非常默契。总之整个学生时代，我最怀念初中阶段，那时互联网也不发达，大家都懂得不多，天天傻乐，特别有趣。虽然也面临中考压力，但好像并不是太成问题，直至上了高中，高考压力才在家长和老师反复不断的提醒和吓唬之下，一天天变得沉重起来。当然很多比较早熟的同学一进入高中就很快一头插到学习上了，我算迟熟的吧，反正也不着急，还是边玩边学。其实高考的目标大部分是家长忐忑不安地帮我们锁定的吧？我高一时觉得考大学还很遥远，高二时觉得反正考得上，高三时终于开始紧张了，但紧一天松三天，就这么混下来了。但高中不像在初中时可以尽情地玩，因为上的是美术班，文化课和其他班一样，半节课都不少，然后其他班都放学了，我们班还要上额外增加的速写、色彩课，天黑透了才能回家，非常辛苦。另外因为高中同学是从各个不同的初中考进来的，重新凑在一起，有些人三观不同，平时也说不上话。大学更是了，学动画的人都偏宅，每次组织班级活动，基本上只来一半的人，另一半从来不露脸。很多同学除了上课，其他时候都各玩各的，一个学期下来面都见不到几次。简单地说，我的学生生活就是这样子。

南帆： 你六岁上小学，我大一岁，七岁上的小学。二年级时开始运动，停课一年之后方才复课，所以，我那一届小学生上了七年的小学。停课那一年里，我一个人四处乱逛，父母完全没有心思管子女。我曾经跑到附近的一所中学里，那儿阒无人迹，许多课桌椅垒在教学楼的楼梯充当工事。在一张课桌上，我第一次看到枪弹的弹孔，惊奇得无以名状。我还时常到城郊的一所大学里游泳，那儿的游泳池相当不错。我不清楚何谓大学，只是觉得好奇：这是什么学校，居然种了这么多树，而且还有游泳池；同时，为什么一个这么大的空间却如此荒凉？

当了一年的野孩子，复课之后就有些不适应，课堂和教室似乎太束缚人了，根本坐不住，老想往外跑。当然，当时学校并不认真上课，我们仍然有充分的时间玩耍。学校有一张很破的乒乓球桌，上面搁了几块砖头作为乒乓球网，一批人大呼小叫地凑在一起打球。另一些时候在操场上玩一种叫作"跑跑抓"的游戏：五六个人合伙抓一个人，那个被抓的家伙在操场上快速奔跑、盘旋、打转，不断地逃脱追捕，他才是这个游戏的主动者和胜利者。谁都愿意当那个被抓的人。一片欢呼和鼓噪之中带动一批人疯跑，会产生明星一般的享受。

夏无双：当野孩子多好啊，谁在那个年纪不想放开手脚玩得天昏地暗啊？但我们这一代哪有这个机会？首先独生子女嘛，在家没有兄弟姐妹，在外玩伴也没几个，大家都只能宅在家里自己跟自己玩，这个问题我们之前好像聊过。不过我初二的时候有过一段很特别的日子，就是刚好碰上了非典。初二不像初三有升学压力，下午一点半上课，三点就放学了。记得那时我们班总是全校溜得最快的，当我们锁好门下楼后再往楼上看，别的班同学往往才刚刚走出班级。我们也不是赶着回家写作业，而是冲到操场打羽毛球或者排球、篮球。那些学习特别好的学霸也没有瞧不上学习差的，大家混在一起玩得很开心，彼此关系非常好。现在回想起来，整个学生时代还是我初中三年过得最有意思，可能因为那是一个人生的非常微妙阶段，既稍微懂事，又还没有开始世故，每个人都非常单纯明亮，没有心机和算计，真是太美好了。前些年某个节日，趁放假校园空了，我们十几个初中同学相约一起回到当年的教室，坐到各自曾经的位置上，装模作样拿着书扮学习状拍照，逗得不行。还在黑板上密密麻麻写满各自的人生感悟，希望第二天学弟学妹坐进教室时，能给他们一点启发。

装进校园的时光（上）

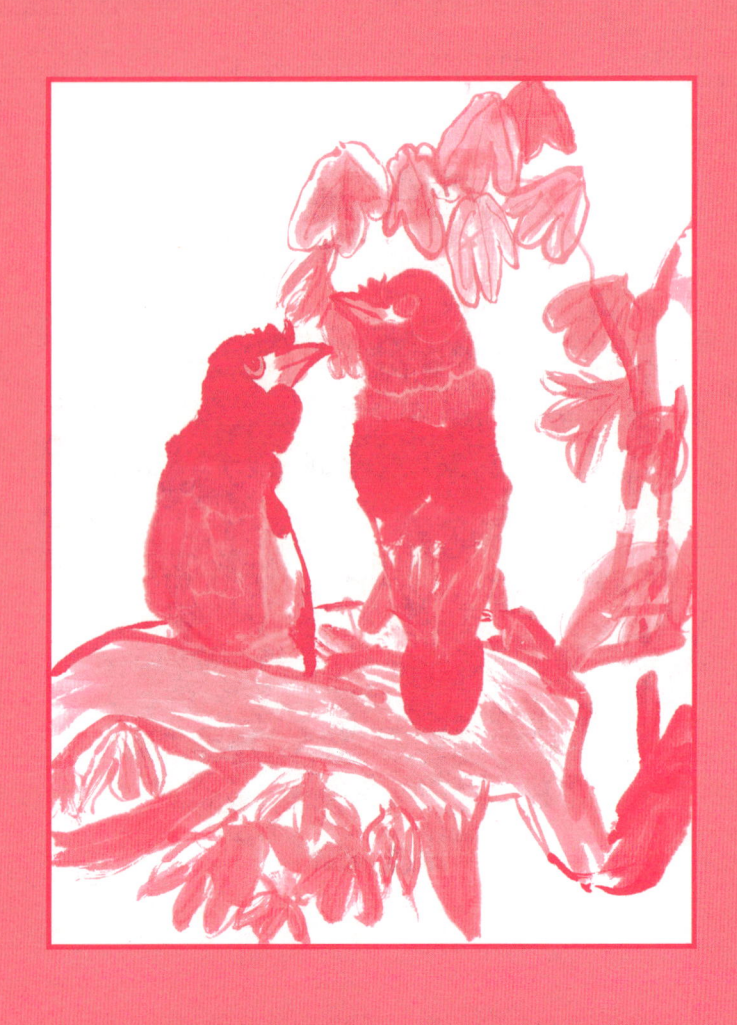

装进校园的时光（上）

大辫子与蝴蝶结

装进校园的时光（上）

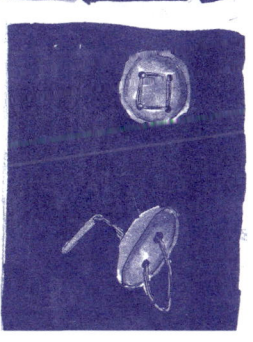

南帆： 我在小学里的有些经验是你们这一代人绝对想象不到的。例如，当时这里是前线，"备战"的气氛很浓，我们在教室的所有玻璃窗贴上"米"字纸条，据说可以防止炸弹的冲击波震碎玻璃伤人；随后，我们在老师的带领下在操场上挖防空壕，我就是在那个时候学会了使用锄头。防空壕大约一人高，我们被告知，蹲在里面可以躲过敌机的轰炸。于是操场消失了，眼前一片纵横交错、四通八达的防空壕，当时觉得非常新鲜。

可以与"备战"相提并论的是"备荒"。我们要共同参与粮食生产，参与的方式是养猪。这不是为了吃猪肉，而是积攒猪粪送到农村做肥料。我们小学喂养了两头猪，学校号召学生共同提供饲料。当时的观念是，最好的喂猪饲料是做饭时的淘米水。学校规定每天两个年级的学生必须从家里带一罐淘米水到学校里，周而复始。这形成了一个奇观：课前的半小时，学校附近的马路上成群结队的小学生蜂拥而至，每个人手里都拎着一罐淘米水。如果不知道这是为了喂猪，你可能永远猜不出他们在干什么。我去看过，那两头猪关在厕所旁边的猪厩里，颤动一身肥肉，不时嗷嗷乱叫。全校学生自己都吃不饱，却要为它的吃服务。

让我记忆深刻的是，我在上小学的时候还经历了一次"反标"事件。一间教室的黑板上出现了一条反动标语，字迹非常潦草，但是可以看得出前边的两个字是"打倒"。公安局——当时还有公安局吗？或者是一个别的什么机构？——很快封锁了现场，全校查对笔迹。每一个学生都写一页的字交上去。最后似乎也没有听说查到了哪一个反动分子，但是，许多人心里都在打鼓：万一自己的笔迹与这条标语相似该怎么办？那不是一个人的事情，而是全家都完了。这种气氛之中，学校并不讲究什么校规。你当然可以听得出来，我对于自己的小学教育并不满意。有趣的是，这种学生生活时常获得你们这一代学生的高度羡慕。我要追问的是，你们的学生生活缺少什么？

夏无双：缺什么呢？似乎什么都缺，又什么都不缺。首先当然是缺钱。我记得小学时我妈每天给我一块零花钱，初中后每周十块，除此以外，做家务活也能挣点，比如洗一次碗、拖一次地板都能挣一至两块钱，但无论如何还是不够花。小学时钱主要用来买零食，上初中后钱都攒起来买漫画书。其次缺玩和睡觉的时间。上学的时间定得太早了,我每天早上千赶万赶,仍然基本上都会迟到。高一时学校抓纪律,迟到的就罚做班级卫生,结果我天天放学后都要留下来扫地。有人开玩笑,说应该给我备一把专用扫帚。扫就扫呗,又不是故意的,实在太困了,起不了早。有天老师威胁说,再迟到就去校长室喝茶。当时吓得脸都绿了,但没几天还是老样子。

南帆: 这样看来,迟到对你来说是一件很资深的事了。一个人习惯性迟到并不是美德,希望你能改。相比较,你们这一代比我们幸福多了,至少衣食无忧。你缺的只是买零食的钱,而我们这一代哪敢奢望零食?在校期间正是长身体的时候,但整天最经常碰到的尴尬就是听到自己肚子咕噜噜在叫。你们进校门需要仪容仪表,我们那时不可能有这一项,每天甚至可以穿拖鞋上学。我从家里走到学校大约十来分钟,我常常出了家门就把拖鞋脱下来打赤脚,然后在马路上踢着这两只拖鞋,一路踢到校门口再趿到脚上进入校门。奇怪的是,每天这么踢鞋子,也没有培养出我对于足球的爱好。那时谁都不知道学生竟还有"校服"这一说。

夏无双：校服这件事，可能是每个女生的痛点。为什么那么难看呢？我记得小学时是一套蓝色的裙装，嵌了暗红色的边，明显是仿日本校服。可人家日本的校服既合体，布料又好，我们却是宽宽大大的，穿得像街头大妈。我猜想是为了节约，毕竟那时我们在长身体，个子不停往上蹿，剪裁太合身了，转眼又穿不了，但那么难看真是够够的，每个人看着都很二。

初中也穿了三年校服，夏季的丑到爆，polo衫款就不说了，女生的校服居然是绿色的，特别刺眼的嫩绿色，最显皮肤黑的那种，连短裤也是绿色的，丑得非常真实，令人发指。初三那年学校不知道抽什么风，又发了两套新校服，夏天的是灰色系的水手服，款式倒还过得去，冬装则是土黄色的西服，超级丑，显得每个人都是一脸菜色，像可怜的苦孩子。幸好我们没穿几次就毕业了。到了高中，学校只要求周一早上升旗时穿校服，那是一套藏蓝色西装，我特地上街买了好几款不同颜色亮晶晶的领带，每周轮换着戴，引领了我们那届女生的潮流。周一早上一水儿的都是打领带的女孩子，看上去倒也挺英气的。至于周二至周五,每个人怎么穿学校完全不管。当时《哈利·波特》正火,我有次冬天穿着我妈从澳大利亚给我背回来的黑色巫师袍,围着外婆帮我织的格兰芬多围巾去上学,在校门口被检查仪容仪表的学姐拦了下来。当时吓一跳,以为是不能这么穿着来上学,结果学姐只是问我巫师袍哪儿买的。后来我高三转学,新学校需要每天穿校服,是袖子蓝色、身上白色的廉价运动装,穿起来什么身材都别想显出来的那种。我就在背上别了几十面小徽章,是哪次什么活动学校发给每个同学的,活动结束后徽章没用了,就被我收集来,花花绿绿地别到校服上,超级好认。把难看的校服穿出自己的特色,这算是苦中作乐吧?

南帆: 活在升学压力下确实挺苦的,这一点我能理解。每天被无数练习题淹没,甚至连最基本的睡眠时间也得不到保证,家长如狼似虎地盯在身后,课外还得参加各种补习。中学进入青春期,学习之外还有各种成长之中遇到的问题,可是,这一切一律遭到屏蔽。功课跟不上怎么办?自卑怎么办?自暴自弃怎么办?压抑怎么办?贪玩电子游戏怎么办?考不上大学又怎么办？这些问题都未得到严肃的考虑，仿佛一切都要等到考上大学再说。当然，还有令许多家长闻之色变的早恋问题。你先坦白一下，中学有否暗恋谁或者被谁暗恋？

夏无双：没有，真没有。我反正是属于特别晚熟的那种人。

南帆：钟情与怀春是本能，但每个个体确实有早熟晚熟的区别。我中学的时候曾经对一个女生具有超常的兴趣。我们那个年代，男生与女生是不说话的，"男女之大防"。上课之前，如果几个女生先在教室里，男生一般就不进去了，直至上课。反过来女生也是如此。如果要恶作剧地惩罚哪一个男生，通常的办法是，几个人合力把他推进女生占领的教室，在外面把门反扣上，然后众多男生在走廊上齐声合唱："这么多的女生一个男生，这么多的女生一个男生。"接下来是哄堂大笑。关在教室里的男生会急得团团转，甚至从窗口跳出来。可是，这种气氛仍然挡不住一个男生对于女生的兴趣。她是邻班的，班干部吧。长得有些特别，眼睛很黑，眼珠特别大。此外说不出什么特点了，因为自始至终我从未和她说过一句话。

我所能感觉到的是，她也知道我对她特别关注，并没有表示反感。中学毕业之后天各一方，谁也不知道另一个人的下落了。

夏无双：哎呀，说不定只是你不知道她的下落，人家却知道你的下落。

南帆：反正几十年来毫无音信。我听说现在中学里的男生和女生都很开朗，男生甚至可以帮助女生参谋要买哪一种罩杯的胸罩，早恋的现象也比比皆是。我只是不知道气氛是从哪一天扭转过来的，真是恍若隔世。恋爱或者性都是青春期的正常现象，挡都挡不住。但是，哪一个年代发生这种事，结局极其不同。中学时我班上发生了一件非常可怕的事情。有一年夏天我们在郊区的乡村"学农"——也就是在乡下学习种田，当年的中学生在学习农活上花费了大量时间。一天傍晚收工之后，两个女生到附近的水库旁边散步，两个男生尾随而去。我至今还不清楚究竟发生了什么事。总之，那天晚上，几个班干部得到秘密通知，夜间要密切注意这两个男生的动向。全班的男生都睡在一幢木板房二楼的地板上，一个人铺一张席子。半夜我忽然醒过来，记起自己的秘密使命，连忙探起身体去看一看那两个男生。月光从屋顶的天窗照进来，我看到其中一个男生脸色苍白，大睁着双眼对着屋顶，一动不动，吓得我连忙迅速躺下装睡。第二天，这两个男生都被逮捕，据说以强奸罪判处八年徒刑。似乎从他们的行李之中搜出了几本手抄本。我不知道他们是否真的犯罪，但是，在那个年龄段，性的迷惑和苦恼是一个绕不开的问题。现在学校里有性教育课程，网络也有性知识。但那个年代没有任何人敢公开讨论性的问题。我猜想，这两个男生很可能是无知制造的牺牲品，包括生理、心理和法律的无知。

夏无双：我完全是吃瓜群众，但是，提到这件事一定要说起我最好的小伙伴之一T，我俩初二时候开始同桌，她是班长。那时她爸爸每天给她做块三明治带到学校当点心，她都分一半给我。后来她把这情况告诉她爸爸，她爸爸索性就每天做两份，其中一份是给我的。T当时暗恋我们学校篮球队队长，队长比我们高一届，正读初三，教室比我们高一层。这件事被我们几个小伙伴发现了，然后就发动全班女生一起帮T写情书。我有个同学甚至不知道从哪里弄来了一本情书大全，分段抄，比抄课文积极十倍，还买了各种花纹的信纸、信封。而T则笑眯眯地站一旁看我们忙碌，不支持不反对，跟看戏似的，好像这件事跟她什么关系都没有。每节课一下课，就派一个女生上去送一封情书给队长。因为情书下面只写了具体的班级却没有真实的姓名，过几天课间时，队长班上组织了一堆学长学姐到我们教室门口，他们是好奇到底谁写的情书。我们班的同学把T围了起来，不让学长学姐看，以免她尴尬。T其实一点都不尴尬，但队长好像却被我们弄得很尴尬。我们班有个同学毕业之后无意中加了队长的QQ，和他聊了起来，队长问他是哪届哪班的，他回答，低一届，六班的。队长立即就把他拉黑了。去年T有天和她妈妈去逛街，逛累了去一家甜品店吃个甜品歇脚，转头就看到了队长正和他老婆在吃甜品。哈，很纯真的一件趣事。现在我们说起来时，还会笑得七倒八歪。T比我们笑得还厉害，她是个性格明亮的女孩，当年是学霸，后来一路都霸下来，先考上国内很牛的大学本科，再考上英国更牛大学的硕士。主要还一点都不影响她从小到大文艺小资，非常聪明可爱。

我相信有意思的人可以一辈子都有意思，没意思的人……算了，还是什么都不要去指望吧。

南帆： 这事确实有意思。我们那个时代根本不可能发生这样的故事。相比较，你们显然更健康与快乐。但在学业上，你们还是比我们沉重。

大约十几年前吧，社会上出现了一种舆论：中小学生的书包太重了。我也附和这种观点。我甚至看到小学生拖一个带轮子的旅行箱上学，里面装满了书本和复习材料。某一天我突然想到一个问题：我的书包呢？到了中学之后，我基本上不用书包。当年母亲找了一块帆布缝了个简陋的书包给我，两三天之后我就不再使用，嫌弃这个书包土气。没钱买新书包，更没有办法像许多部队子弟一样弄一个军用挎包神气地背在身上，干脆不用罢了。当时无非语文、数学两门主课，每天我将两种课本一卷塞在裤兜去上课。课堂上偶尔做一些笔记，那就写在课本每一页的空白处，如同眉批。四年如此对付下来，功课丝毫不差。尽管当年的学校不怎么认真抓学习，但是，一个学期还是有几次考试——当时的名称好像叫作"测验"。我的各科成绩肯定在前三名。偶尔跌出了前三名，老师就会过来问一句：最近怎么啦？当时的中学还有一门课程是"农业"，我的成绩似乎不太理想。没有足够的乡村经验，许多问题答不完整。然而，当时的学校居然有一个奇怪的规定，各门功课皆是优等的学生有一个特权：可以任选一门免试，成绩同样定为优秀。我高高兴兴地选择了"农业"，所有的问题圆满解决。那个时候仅有少量的家庭作业，我多半是在放学回家之前，花十来分钟迅速做完。回家之后的活动基本上与学习无关。

夏无双：我曾经也是背着大书包的一员，直到有天我发现一个同学每天连书包都不带，空手来上课，才知道他把书都放在课桌的抽屉里，课间就抓紧把作业做掉，做不完再带回家，做完就空手回家。从那之后我就加入只带作业和笔盒回家的小朋友行列，到了高中之后，我的同学有一半都是这样的，因为书包实在太重了，背不动，而当时这种拉杆箱书包还没有发明出来，只有最古老的双肩包，由于书包太重了，书包的带子很容易断掉。我们这些课本放抽屉的同学们都是背着各种奇形怪状的书包来上学的，有几个特征：一、很潮，二、装不了很多东西，三、单肩挎包。

　　对了，我想起小学三年级的一件事了。那时我班上有个女同学卡通画得特别好，随手勾一勾图就出来了，让我很崇拜，于是我就跟着她画。其实我一年级就开始上画画班，但学的是国画，对那些花鸟鱼虫就是喜欢不起来。而卡通画就不一样，人物和动物都特别有意思，又夸张又生动。我把课本所有空白的地方都画满了，都是一边听课一边随手画的。连交上去的作业，比如数学作业，运算式旁边也会画上猫呀狗呀美少女之类的。数学老师是个五十岁左右的女老师，个子瘦瘦小小的，人特别好，从来不指责，反正运算方式是不是有错，跟旁边有没有画一点关系都没有，她可以视而不见，也不会影响她改作业。回想起来，真的非常感激她。换一个小心眼的老师，说不定会觉得是对她的冒犯哩，还不被她骂得半死？

南帆：　你现在还与中小学老师联系吗？包括这位数学老师在内？

夏无双：数学老师早已退休了，我们同学都不知她的下落。

其他老师偶尔还会聚聚。现在不是都有微信群吗，老师就在群里，跟大家也加了微信，平时谁有什么动静，大都能了解到。因为在外地工作，平时见面倒不多。

南帆： 我就在福州工作，几十年里跟中小学老师也几乎碰不上面。有趣的是，我记住的几个中学老师都不是因为他们讲授的课程，而是因为他们能够和学生一起玩。物理老师担任我们的班主任，他讲过哪些物理知识？我想不起来了，当然，重力加速度肯定是从他那儿听来的，但是，我记住这个老师是因为他乒乓球打得好。业余选手之中，我的乒乓球水平挺不错了，中学时候就是如此。然而，和物理老师交手，仍然胜少负多。当时我甚至胡乱猜想，他的球路如此合理，是不是与他的物理知识有关？

从初中到高中，我分别遇到两个数学老师，都是女的。初中的数学老师待人亲切细心，常常嘘寒问暖。但是，她丈夫留给我的印象远远超过了她。她丈夫是另一个班级的数学老师，高高瘦瘦的，似乎有哮喘病，每天都穿很厚的高领毛衣。让人大为意外的是，他的篮球居然打得那么好。老师之间篮球比赛，他打的是前锋位置，投篮的准确程度让我们崇拜得五体投地。高中的数学老师非常开朗活跃，高个子，戴一副眼镜，放学之后时常与学生一起打排球，每天嘻嘻哈哈。更重要的是，她丈夫是学校的体育老师，篮球打得更好。他的皮肤很黑，上场的时候用一根牛筋把眼镜拴住，满场飞奔，大声叫喊。我们最爱看他后仰投球——即将跌倒在地的时候球才出手，正中篮筐，观众一片掌声。

必须承认，中学的两个语文老师对于我从事文学工作有些潜在的影响。当时父亲患了严重的眼疾在家休养。陪同他散步的时候，父亲会说一些语文知识，例如词牌的名称，或者论说文的几条原则，等等——父亲后来也转行当上了语文老师。中学语文课的时候，一个语文老师偶然向我提问，他发现我居然懂得"满江红"和"沁园春"，大为高兴，此后不断地向我提问。为了能够在回答提问时进行完美的表演，我开始进一步搜集若干相关的语文知识。语文老师的每一次提问都能得到相对满意的回答，他宣称我是他手里的"王牌"。这无疑激发了我的虚荣心，我对于语文的兴趣开始急剧增加。我的另一个语文教师是当时的名师，他对我的作文加以肯定。

于是，我的兴趣又慢慢转向了琢磨作文，这与日后的文学兴趣显然更接近了一步。前几年我曾经去看望这个老师。交谈了一会儿，他居然从抽屉里拿出一篇我当年的作文。从发黄的纸张上看到自己的幼稚笔迹和生涩的词句，我几乎热泪盈眶。

夏无双：这个很难得，老师教过那么多学生，竟然能把您的作文保存几十年，他太有眼光了。我语文老师肯定不会这么做吧？我那么烂的作文，真留了，惭愧惭愧。美术作业要是留着倒有点儿意思了。高中的美术老师跟我关系一直很好，他长得像胖两圈的马琳，国家队打乒乓球的那个马琳。我初中为了要考高中的美术班去他那儿补习过，后来他跟我说，刚见到我时，以为是那种很乖的女孩子，后来才发现皮得不行，特别蔫坏。他现在开了间画室，做小孩和成人的艺术培训，我很多同学大学毕业后就在他画室工作，帮他带学生。休假回家，我经常去他画室蹭吃蹭喝，跟他天南地北地唠嗑。上学的时候他很不苟言笑，也不怎么跟我们说话，毕业之后才发现他其实是一个具有冷幽默的人，而且思维很前卫，很活跃，跟现在00后的学生也能聊得有声有色。他算是我画画的重要启蒙者，非常感激他。至少没有他那几年严格而系统的美术训练，我们都很难考上理想的大学。

南帆： 大学老师显然与中小学老师存在巨大的差异。如果说中小学老师的任务主要是传授基础知识，那么，大学老师的重要任务是激起学生的探索兴趣。不过，我进入大学之前当了几年知青，许多基础知识乃至学习习惯已经消失殆尽。大学生活的很长一段时间，我是一面恢复学习习惯，一面接触新的知识。当然，对付中学课程的那一套不行了，我不得不开始记课堂笔记。"七七级"同学的情况大体相似，尽管如此，大家的学习兴趣异常浓厚。我们的大部分老师非常优秀，尽心尽意地教书。当然，除几位功底深厚的名师之外，还有不少老师同样多年无法从事学术研究，接触学术资料，因此，他们在课堂上传授的知识还一定程度地保留着那个年代的僵化痕迹，我甚至可以察觉到他们的仓促和紧张。

尽管我在大学期间已经开始发表论文，但知识空白点比比皆是，同时还存在许多理论上的困惑。我曾经向一些老师和同学请教这些问题，换来的常常是一副惊讶的表情。我读懂了这种表情——奇怪，怎么会有这种问题？厦门大学毕业之后，我考取了华东师范大学的研究生，跟随徐中玉先生。多少有些于心不甘，我再度向徐中玉先生提到那些理论困惑。徐先生思忖了一下说，的确存在这些问题，但是，结论需要你自己研究。这个简单的回答突然打开了我的视野。有时我觉得，我的研究生活正是从这一天开始的。结论并不是最重要的，重要的是唤醒思想的激情。好的老师有时只要不经意说一句话，就能点亮我们的人生。

徐中玉先生现在已经一百零四岁了，前几年你不是曾代表中国现代文学馆采访过他，还拍了一些录像资料。

夏无双：是的，一个很和蔼可亲的老爷爷。那次我扛着机子去上海采访他，他思路还是很清晰的。我特地跟他合了影，还告诉他自己是谁的女儿，他呵呵地笑，忘了问他听明白了没有。

我特别赞同好老师能点亮人生这种说法。考上北京电影学院后，最初眼花缭乱的兴奋感就来自给我们上课的各科老师。我们大学很微型，师生加起来才三千多人，老师各式各样的，每个系各不相同。表演系和导演系的老师有比较多的名人，像田壮壮、曹保平什么的。我们动漫学院的老师名气可能比不上他们，但我猜肯定比他们有意思多了。我们老师自己平时也搞创作，做动漫的人，跟你们这些一板一眼地搞学术的老师应该完全不同，平时都不怎么见踪影，上课都是踩着点来，有的老师甚至还会迟到，这跟你们那个时候的老师肯定也不一样。上课的时候他们很少一本正经，脑洞开得很大，上天入地什么都能扯，甚至各种社会新闻和明星八卦也不放过。课堂是个有意思的地方，我是在大学四年里才真正体会到的，没有升学压力，也没有人逼着让你拿分数，老师一个个又这么有意思，非常开眼界，每天都哗啦哗啦地长见识，信息量很大，主要是世界观受他们影响很大。

Q 哥、娴姐、廖宇兄……我们是这么喊老师的。其他学校估计不太可能出现这种情况，可我们觉得很自然啊，没什么大不了的。Q 哥就是我们的班主任，他结婚时我们班同学能去的都去了，当亲友团，山呼海啸地闹。那时同学还流行在校舍里养宠物，我们宿舍居然还养过一只小猪，称为"香猪"，卖猪的人说养不大，就是小小的一团，其实是骗我们的。猪买来的第一天，全宿舍四个人都快疯了，您没想到吧，那么小的一只猪居然打鼾响得跟地雷炸了似的，把我这么能睡的人都弄得根本睡不着。然后它还整天呼噜呼噜地叫唤，而且迅速肥大起来。实在受不了，最后就送人了。其他同学养仓鼠、小猫、小狗、小鸟、小兔甚至小虫子，五花八门的。到寒暑假回家了怎么办？都寄到Q哥家，他一下子成了各种动物的饲养员，暑假要养两个多月啊。还有一次我两个室友去吃海鲜自助，结果食物中毒，回来上吐下泻，被我们送去医院打吊瓶。Q哥知道后，大半夜的居然拎了一大锅粥过来探病，我们都笑惨了。一个老师把自己弄得既像爹又像妈还要像温暖的大哥哥，真是太不容易了。我们班三十位同学，其中男生只有八位，剩下一大堆女生都不是绵羊型的，大部分都爱说爱笑爱闹，鬼怪精灵，反正不好对付。Q哥应该挺头疼的，毕业的时候我们都觉得当班主任的四年里，他沧桑了很多。

南帆： 听起来你们大学生活确实很特别，电影学院嘛，还是不一样的。你们中小学乐趣太少了，不仅课堂上紧张，课外生活也很单调，大量的作业，还有各种形式的补习、辅导和培训，这也算一个补偿吧。现在的社会舆论是，不能输在人生的起跑线上。可是，如果所有家长对于孩子的人生设计彼此相似，那么，起跑线的门槛本身就会提高许多。尽管如此，音乐、绘画、外语还是吸引了多数家长，偶尔有人培训打乒乓球和下围棋。许多孩子被押去弹钢琴，可是，如果没有这个方面的天分与兴趣，就类似上刑，以至于他们恨不得砸了家里的钢琴。

我认识的一个老教授曾经撰写许多文章抨击这种现象，不久前他叹一口气告诉我，他刚刚上幼儿园的外孙女也加入了补习和辅导的行列，周围孩子纷纷送去了各种补习班，他和他女儿终于惊慌起来了。多彩多样的人生仅仅是一种口头观念，多数人还是愿意安全地相互模仿随大流，这种气氛之中，为自己孩子选择独特的人生道路的确要有巨大的勇气。所有的教育机构共同趋向一种相似的培养模式之后，一个异类进入社会将会遇到什么？这显然是一种没有把握的赌博。许多家长担心，多年以后发现自己对不起孩子，他们不知道这些补习、辅导和培训班的真正效果，潜意识里只是求得一个安心。

夏无双：我上过的培训班好像还蛮多的，国画、书法、舞蹈、古筝，不过比起现在的小朋友来说应该是少得可怜吧。中学时周末补习班我上得最多的就是美术，尤其是高考前，简直是魔鬼训练。高三那一阵是住校，培训班却在校外，早上有时天不亮就得往外跑，而校门经常还没开，甚至得爬围墙出去，否则就来不及赶到至少十公里外的那个培训班上课。至于文化课，我倒是很少补习，大概补得最狠的是政治课，中考前一个月突击，一周补三个晚上。另外初三时也补过数学课，数学老师是我们班主任，对我们特别好，我们几个玩得好的同学就相约了周末一起去她家补半天课，其实就是为了凑在一起聊天。老师布置我们做题时，我们就一人做一道，互相抄，多出来的时间就叽叽喳喳地胡扯，蹦蹦跳跳地闹，有一天我甚至把数学老师家的餐桌椅坐塌了。如果嘴馋了，我们也不拘束，喊一声"老师我肚子饿"，数学老师也会马上端出东西请我们吃。——哎呀说着说着，就觉得当时的情景又浮到眼前了，真有点儿怀念哩。你们那个时候应该是没有补习班的吧？

南帆： 我当然从未参加过任何类似的活动。我的学生时代，"起跑线"等这些观念远未诞生。家长被自己的烦心事搅得焦头烂额，根本无心过问孩子的学业。课外的时间，我们想尽办法玩乐和游戏，这些活动基本上发生于户外，必须付出相应的体力。钓鱼、养蚕、弹弓打鸟、溜到江里游泳，还有极为热衷的"打土战"。十几个乃至数十个男孩子集聚在废弃的公园，分成两拨人互相投掷土块。他们分别隐在小树林和残垣断壁背后，一方进攻，一方防守，打得不亦乐乎。有时公园里的土块消耗光了，我们会事先带上锄头，挖出满地的土块充当弹药。借用一部电影的标题，这是一些"阳光灿烂的日子"。回想起来，我们的童年与少年留下了斑斓的色彩。

但是，没有理由认为，这种形式的童年与少年没有任何阴影。损失是潜在的，这些损失潜伏在日后的工作和生活中，甚至成为一种公民素质意义上的缺陷。当然，首先是学业荒废，许多必要的课程没有开设，例如英语。你或许想不到，我在中学里从未学过历史——没有开设。许多下乡知青一起参加高考，但是，中小学教育的缺陷让他们根本无法应对考卷。另一方面，缺乏必要的文明和礼仪训练，粗野是许多人的基本品质之一。长大成人之后，这种品质很容易发展为江湖气。真诚、信守诺言、规矩意识，这些观念从未进入视野。至于宗教、历史、艺术、科学更是远隔千山万水，许多人根本没有意识到这些人类文明成果的存在。

夏无双：有课外书吗？

南帆：没有，家长也顾不过来这些事。无书可读的日子里，常常会产生一种阅读的渴望，见到一本书就觉得无比珍贵。我记得小学的时候曾经弄到几本《水浒传》的连环画，几个好朋友轮流传阅。这些连环画快被翻烂了，我们就找来了一叠透明纸，一张张地描下来，重新订成一本。传说那个年代不少人为了阅读，撬开了关闭的图书馆偷盗书籍。我和小伙伴没干过这种勾当，大家手中只有七八本连环画作为私有财产。如果哪一个人没有将他的连环画和大家共享，我们就要和他翻脸。

到了中学之后，我读到了一些小说。中国的，外国的，良莠不齐。这些小说在几个要好的同学之间秘密流传，通常拿到后，在手上停留的时间只有一个晚上。我们很快养成了狼吞虎咽的阅读习惯,几百页的书一个晚上读完。坐在路灯下阅读或者打手电筒在被窝里阅读都是家常便饭。由于这些书籍经手传阅的人太多,整本书都翻烂了。绝大多数书没有封皮,通常前面和后面都丢了十来页。许多小说读过之后,根本不知道书名是什么。多少年之后又在大学里遇到一些名著,读了几页之后恍然大悟——这本小说我曾经读过。我曾经在散文里写过一个笑话:下乡插队之后,我偶然在一个知青的房间里读到一本"黄色手抄本"——薄薄的一个笔记本全是男女恩爱片段的摘抄,看得我面红心跳。日后在大学的图书馆里发现,这些摘抄全部来自茅盾的小说。

平时没书读反而对于文字产生了一种贪婪和亲切感,这种爱好一直维持到下乡插队。乡村的日子里,往往很长时间见不到文字。偶尔捡到一张破报纸,就会将报纸上的每一个字都读过。回到城市探亲,每天都会到街头的报栏上读报。不是对报纸上的内容有多少兴趣,而是制造与文字相遇的快乐感觉。你们这一代人已经体验不到如饥似渴的疯狂阅读了,这就像过多的食品反而败坏了胃口。

夏无双：这倒是，我们从小就没缺过书，读都读不过来。我的课外读物基本上是漫画和推理小说，从初中看到大学。小时候看《哆啦A梦》《樱桃小丸子》，大一点看《美少女战士》《灌篮高手》，再大一点看《圣斗士星矢》《五星物语》。基本上有名的没名的、少年的少女的漫画我都看了个遍。我小时候开始就很喜欢看破案推理，大概是因为我小时候除了《还珠格格》之外第一部看的电视剧是《鉴证实录》吧，甚至我的童年梦想是当法医。还有就是我最喜欢的《哈利·波特》系列了，第一次看到这本书是在我们当地的一个报纸上，我还在上小学，当时貌似我是在去上古筝课的路上，正好我妈在看报纸，我就顺便瞥了一眼，当时《哈利·波特》刚在中国上市，报纸上做宣传，有部分选节，我看了之后，扭头就跟我妈说要买，从此一发不可收拾，《哈利·波特》第四部是在我初二左右发售的，在等待哈四的过程中，我把第一至三部都快翻烂了，甚至因为英文版比中文版先出，实在等不及了，就买回英文版看。我那时的初中英语水平哪看得懂，基本上等于看天书，抱着个字典边查字典边看，仍然不行。好歹看了二十几页,这时中文版发售了,我立刻抛下英文版,买了本中文版回来。学文化课要是有看《哈利·波特》这种劲头,估计我也能考清华北大了。后来我还跟我妈说:你咋不写《哈利·波特》这种小说?我妈鼻孔哧哧的,好像还挺不屑。

当时觉得,一边看漫画书一边吃零食,这就是人生的最大乐趣了。

南帆: 你们有零食可吃,幸福呵。你大约猜想不到,我的中学生活几乎每一天都会遭受食品问题的困扰。当年城市人口的口粮定量供应,我的定量是二十四斤,也就是每天八两左右。中学开始长身体,伙食之中肉蛋之类副食品极少,因而我每天至少要消耗一斤粮食。缺少的部分怎么办?住在家里,其他家人调剂一下,勉强对付得过去。然而,四年的中学生活,差不多一年左右的时间住在分校,问题就出现了。

我中学的分校在北面郊区的大山里,由四五幢黄泥土屋构成。我们几乎每年都要赴分校,每次三个月到两周不等。夏天的白天气温高,我们时常夜间徒步行军到分校。行走的时间大约是八个小时,师生一律如此。一列纵队走在山间的沙路上,走着走着就睡着了,直到一头撞在队列之中前一个同学身上才醒过来。居住在分校的主要任务是见习农活。下乡插队之前,大部分农活我都干过,这是分校的功劳。分校还接触到一些城市生活看不到的东西,例如老蛇。山区各种蛇很多,一个雨天,蛇居然爬到了学生木架床上,引起一片喧哗。

分校劳动量大,饭量也随之增加,每天一斤也不够。可是,粮票呢?每天八两定量之外,根本无法再找到六斤粮票,何况某些月份的三十一号又多出了一天。钱财可能多多益善,太多的粮票未必有用。可是,每一个月都要少六斤,一个月一个月积累起来真是一个让人头痛的问题。没有什么可吃的,心烦意乱,一个好胃口甚至让自己讨厌自己。好吧,我还是先按每天一斤规划生活,早晨二两,中午和晚上各四两。即便如此,晚上睡觉之前已经开始饿起来,有时会饿得睡不着。我的记忆中,中学时代好像每天都没有吃饱过。

许多家长都会给上分校的学生带一些点心,最为流行的是猪油炒面粉。晚上饿起来的时候,舀几勺炒面粉兑上开水,这是美味佳肴。可是,大多数学生肯定在一周之内吃完了炒面粉。有一回分校旁边村子里的小卖部打翻了酱油缸,一些浸泡过酱油的饼子降价出售,重要的是不要粮票。许多同学闻讯前往抢购,我也抢到了几块。我把这几块饼子藏在布袋吊在床头,没想到竟然让老鼠偷吃了一半。收工回到宿舍,意外地发现床头的布袋不断地摇晃。我愣了一会儿才醒悟过来,箭步上前攥住布袋口。一只老鼠从里面跳出来,落在我的胳膊上逃走了。这些细节至今历历在目,可见"吃"的问题在我的无意识之中深深地扎根。你们这一代人最大的快乐是,胃不再成为自己的负担,尽管你们可能根本意识不到这个快乐。

夏无双:这也太惨了吧,我的学生时代真的没有这个情况,当时学校周围都是各种小卖铺、小吃店,我们每天上学前在小卖铺买零食上课吃,下了课,一起走的小伙伴轮流请客,大家在小吃店喝奶茶,吃关东煮、铁板烧什么的,装了满满一肚子再回家,或者碰到麦当劳汉堡买一送一就一起去吃麦当劳,每天都非常腐败。重要的不是有没有东西吃,而是什么好吃。

南帆: 看来两代人最明显的区别应该就是肚子了。城市独生子女基本是被充足食物填塞到发腻,这也许是我们这一代人下意识的过激反应。我们饿过,就怕自己的孩子也饿,却大多忽略了你们精神是否吃饱。今天我们围绕着校园谈了许多,既有比较,又有感叹,似乎都有些刹不住车的感觉。我知道还有不少有趣的话题,回头再继续吧。

装进校园的时光（下）

主持人语：青春有价，校园无边

　　谁不是年幼无知时，就被活活装进一个叫"学校"的地方？抬脚往里跨进的第一步，就标志着人生的苦乐徐徐开启了。降临人世时的第一次狂哭，与送进学校的第一场哀号交织呼应，日月当空，星辰纵横，好死赖活都唯有砥砺向前，我们再也找不到回头的路了。作为教师子女和一个当过七年中学教师的人，我有漫长的二十多年生命，都安放在校园围墙里了，住学校简陋的宿舍，走校园蜿蜒的道路，在操场上精力过剩地蹦跳，按刺耳的铃声不甘不愿地作息，然后又很快续上漫长的作为学生家长的十几年时光。未来的某一天，当孙辈抵达时，那里的一切必定又得重新休戚与共一轮。这么一盘算，才蓦然顿悟校园的坚硬与伟力。它不过随意用砖头或大或小围出一个圈子，就举足轻重地决定一个人和一个家庭的生存质量了，剪不断，离还乱。

　　愉悦、窃喜、仰慕、向往、虚荣、沮丧、嫉恨、疼痛、悲愤……那么多情绪在围墙内丛生暗长，穿入骨骼，织进肉体，刻在记忆。而第一次青春微妙的悸动以及各种欲说还休的尴尬、困顿与沮丧,也总是和着铃声悄然而至,摇曳如野草。幼儿园、小学、中学、大学,不越过这四座大山,无论如何都抵达不了远方。

看南老师和夏老师兴致盎然地聊他们的校园,我常常忍俊不禁扑哧笑起,一种熟悉的陌生感纷至沓来。原来貌似理性沉稳的南老师,也曾是个野性不羁的追风少年;原来总是被很多人界定为安静老实的夏老师,还此起彼伏过这么多熠熠生辉的同事。因为年纪太小,夏老师入学所遭受过的种种委屈,曾令我弟弟吓得下决心让自己儿子在幼儿园"留级"一年;她初入学时每天眼含大泪的可怜样还历历在目;她被老师一巴掌打黑半边脸,我忍了又忍还是咬牙走进学校,告诉老师"可以打,但请下手轻点"的场面还清晰可见;中、高考前替她无限焦虑,然后又总是喜出望外的情景还宛若昨天。时光飞逝,脑中却仍堆砌无数挥之不去的不快和压抑,以至于每每路遇驮沉甸甸书包的学生,都有细微的疼痛一闪而过。没料到留在她回忆里的校园,却如此阳光灿烂。

俯身回看自己,整个小学中学阶段都被运动所笼罩，远比课堂更亲切和熟悉的是操场，是舞台，是宣传队的排练厅。一个高中毕业时都没弄清正负数的人，忆起童年少年那些动态日子，竟很少为自己扼腕叹息。

一辈子，我们仅能用青春躯体从校园穿行一次，成长的快乐必定会把所有的不快淹没带走。无论未来闪闪发亮还是黯淡猥琐，装在校园里的时光都是我们记忆里最丰厚多姿的矿产，侧耳倾听，笑声朗朗。

南帆： 我想了解一个特殊的问题：你是否曾经遭遇校园暴力？这一段时间，不时可以在传媒上看到这方面的报道。让我非常惊讶的是，许多打人的主角居然是女生！阴盛阳衰？目前为止，这些女生动手打的是另一些女生。我不得不猜想，哪一天那些"小小鲜肉"会不会沦为女生拳头之下的牺牲品？

校园暴力涉及利益的争夺，但是，这些利益通常微不足道。许多诉诸暴力的意图更多的是争回个人或者帮伙的"面子"。校园暴力的"独行侠"少，"团伙作案"多。刚刚步入青春期的少年不仅拥有旺盛的力比多，同时也十分渴望获得周围伙伴的承认。相对于读书乃至体育项目出人头地，暴力行为更容易引人注目，也更简单。有时人们会觉得不可思议：怎么会因为如此微不足道的琐事大动干戈？现在看来，至少要将成长之中的赢得承认和认同考虑在动机之内。

夏无双：关于校园暴力问题，我弱弱地说应该是有的。我们那一届入学儿童是1988年7月至1989年6月出生的，而我生日恰好是1989年6月，所以从幼儿园开始就一直是全班最小的那个。您也知道，小时候差一个月，外形上往往就差别很大，个子矮，表情怯，胆子小，差不多都这样。反正从幼儿园一直到小学三年级，我都是坐在第一排，又瘦又小又可怜巴巴，总是被男同学欺负，今天辫子被揪散，明天衣领里灌进沙子，诸如此类，搞得我对去学校都犯了恐惧症，每天上学都像去受刑。校门口每天都站着值勤老师和高年级同学，专门负责检查仪容仪表，包括有没有戴红领巾。也不知怎么回事，整个小学阶段我不知丢过多少红领巾，动不动就丢，找不到了，或者忘了带上。幸好学校门口当时有个小卖店，冲过去买一条顶上，蒙混过关。

另外，小学一年级时恰好碰到的是个特别凶的女老师，她毕业没多久，个子很高挑，人长得很漂亮，但脾气特别大，对我们很严厉。比如上课时让我们举手提问，我因为害怕不敢举手，就会被骂被罚。有一次不知因为什么事她打了我一巴掌，半边脸都打黑了。还有一次因为生病迟到了，被罚站，双手还要高高别到后面，结果没一会儿，上学前喝的中药全吐了出来。这些其实我早就没什么印象，但多次听我妈跟别人说起。我妈的意思是，上什么学校其实不重要，碰到什么样的老师对孩子的成长才是最重要的。我想她说的是对的。当然，老师也是为了我们好，她想让我们尽快适应小学生活，也算一片苦心吧，只是方法可以稍加改进。

南帆： 我的中小学时代，校园暴力当然仅仅存在于学生之间。那个时候，师道尊严已经完全失效，老师动辄得咎，哪里还敢对学生动手？所谓的"校园暴力"时常是学生之间——当然主要是男生之间——相互承认的形式之一。相当长一段时间，文质彬彬或者谦恭礼让更多地代表了懦弱、胆怯和没有出息。一个男孩子迅速建立威信的最佳方式肯定是打架。征服他人，挑战禁忌，这会吸引四面八方钦佩的目光。

许多场合,打架并非个人恩怨,而是帮伙之间的较量。特别勇悍的男生会成为帮伙的头领,他的身边围绕着几个铁哥们,八大金刚四大铁汉之类。另一些稍有实力的外围分子可能在几个帮伙之间游荡,待价而沽,若干瘦弱又伶俐的男生殷勤效力,通风报信,以此谋求保护,这些故事都是可以想象得出来的。

正如"盗亦有道"这句话所说的那样,当时的"校园暴力"也有一些基本的规矩。"弱者抽刀向更弱者",这是人的本性,屡见不鲜,不足为奇,但是,赢得敬重的是"强者"——所谓"强者抽刀向更强者"。能够制服另一个强者,这个男生的威望不言而喻。另一个有趣的现象是,由于许多打架是为了建立威信而不是谋财害命,打得漂亮很重要,必须让人服气,重伤对方肯定不是目的,那个年龄的男生也没有这个胆量。因此,当时的打架以赤手空拳为主,带有比武性质,一开始就拿根棍棒或者一块砖头好像有些丢脸,似乎首先就胆怯了。没听说哪一个使用匕首这种致命的武器,这会产生无法承受的后果。现在的中学生肯定不知道,当年许多男生梦寐以求的防身武器是牛角。黄牛角短短的,光滑坚硬,可以藏在裤兜里;水牛角就是极品了,弯弯的一根放在书包里。牛角来源稀少,有一根牛角的自豪感远远超过了现今的男生有一个苹果手机。这种状况可能与一个毫无根据的传说有关:据说牛角捅在身上不会出血,但可以给对方制造难以痊愈的"暗伤"。我不知道这个传说是一种普遍的认识,还是区域性的观念——譬如,仅仅南方人相信?我在小学的时候有一个对手,三天两头欺侮我。我之所以久久地隐忍,是因为别人告诉我,这个家伙居然有两根牛角,而且一根黄牛的,一根水牛的,都藏在他那个从不离身的书包里。

夏无双:听起来好有神秘感,牛角不出血到底有没有科学依据?

我似乎没有遇到这么尖锐的局面,至少我也从没见到男同学翻脸来真的打架,更别说拿武器打了。也许你们那一代有野性的男生更多吧?我们就不一样,从小家里、学校管得都很严,打架一时爽,回头没完了。而且哪有那么大的仇啊,我们初中时同学关系特别好,没有小帮派,也没有爱打小报告的那种"废柴"。班上那些学习特别好的教师子弟和学习很差又特别调皮捣蛋的同学也没有矛盾和隔阂,反正大家都很团结，甚至有人惹祸了全班还会想尽办法包庇他。比如初三时候我们班转来了一个女同学，平时她其实跟大家有点儿格格不入，而且不知道什么原因总是翘课，眨眼就不知去向，次数实在太多了。我们班主任发现后，当着大家的面警告她，再翘课就开除。她害怕了，但还是忍不住翘课，只是希望自己开溜时，班长别记录下来。我们就过来大包大揽地说没问题，肯定帮你，然后全班同学一起劝班长网开一面。如果哪一天老师突然问起她，我们也会一哄而起说她临时干啥干啥去了，总之就是很起劲地为她打掩护，让她不受惩罚。那种感觉挺别好，非常侠肝义胆的样子，浑身充满助人为乐的豪气。

而另一个同学极其调皮，可能有多动症吧，比如上语文课的时候，他总是趁老师转身写板书的时候溜到教室外面逛一圈，或者蹲到讲台底下跟大家做鬼脸。全班同学都看到了，一直偷笑，但是没有一个人揭发他。他这么玩了快两年，一次正好碰到段长巡逻，被抓个现行，事情才败露了。

我初二时迷上一件事，就是每天晚上把班上发生的有趣的事画成连环画，所以第二天我去学校时，同学就会围过来看自己有没有被我画进连环画里面。为了能入画，好多同学甚至动了歪脑子，把帮我做作业作为交换条件。你英语，他数学，她语文，反正"生意"很火爆，每天都不用愁作业没有人帮着完成。这事持续了快一个学期，后来不知怎么就暴露了，不可能是谁告密，估计是老师从字迹上破案的。哪个学生每天作业字迹不一样啊？然后当然就大事不好，班主任打电话告状，我妈那一阵正在北京学习，接到电话怒火冲天赶回来，结果可想而知。

到了高中，班上同学比较佛系，都是学美术的，大家都很单纯，没有特别多的幺蛾子，关系也相当好。谈得来的，三三两两凑在一起；谈不来的，离得稍微远点儿，也不会有什么矛盾。我可能因为比较喜欢搞笑，男生聊游戏的话题我能凑进去一起讨论，女生聊美妆、明星、电视剧的话题我也能跟着八卦一下，所以跟男生女生的关系一直很好，好朋友占很大面积。其中有一个女同学家跟我住得近，每天上学放学她都特地绕一段路，用自行车载我，消耗了不少力气。前年她结婚，我给她当伴娘，从大清早到晚上，忙得腰酸背疼腿抽筋，总算把她载几年自行车的苦力给偿还了一些。那天感觉真的很奇怪，老想起当年坐在自行车后座上看到她的那个背影，居然就结婚了，结婚了……太魔幻了呀。

我觉得容易遭到校园暴力的学生一般是那种不爱说话，比较自闭，不喜欢跟同学交流的那些，因为别人不知道你在想什么、喜欢什么、不喜欢什么。这些人有时被欺负了也不吭声，他们希望不反抗就能过关，指望对手觉得欺侮他们很无趣，下次就懒得动手了，这当然是太消极了。有些人可能天生就不喜欢多说话，但是找机会和同学聊聊天还是很有必要的，特别是当同学都在讨论一些共同兴趣的话题时，加入他们的谈话，发表一些自己的见解，让自己融入集体，成为其中有趣的一员。必要的交流肯定有助于减少校园暴力的发生。

南帆： 交流和沟通的确有助于减少校园暴力，但这仅仅是一个方面。按照我的观察，校园暴力可能涉及个人成长、如何进入集体社会、如何与他人相处等一系列复杂的主题。这个主题似乎缺乏理论上相对深入的探讨。恃强凌弱的现象幼儿园就开始出现，一些孩子很小的时候就会欺侮另一些孩子，抢玩具，扯女孩的辫子，甚至动手打人。特别糟糕的是，某些时候家长也会介入,学校简单地宣讲"团结友爱互助"的观念不能解决问题。中小学阶段,这种现象又与个人成长、威信、荣誉、自我与他人以及自我在集体之中的身份与位置等问题纠缠在一起,构成了一个成长过程的重要课题。遇到无理的要求、不尊重乃至欺侮、妒忌、骄横无理这一类现象怎么办,哪怕仅仅是两个人之间的"不对劲"要如何处理,分寸在哪里,这些问题始终如同暗流隐藏在"团结友爱互助"的观念下面,甚至让人不知所措。如果说,女生很快会遇到情感问题的纠缠与困惑,那么,男生更多地遇到如何确立身份的苦恼。我自己就一直有这个问题,如何建立自我与他人的平衡感。这是人际关系之中复杂而微妙的一面,形成的观念和处理问题的方式会一直带入成年之后。从机关单位里的团伙意识、网络上的炫富以及近于疯狂的"粉丝"到研究生因为嫉妒同学的成绩而投毒、市民坐过站之后抢夺公共汽车司机的方向盘,这些现象都暴露出相关教育的严重匮乏。我不知道青少年教育专家会不会认真研究这个课题。

夏无双:个人成长、进入集体社会、与他人相处不一定要诉

OUTLOOK ENGLISH MAGAZINE
OUTLOOK ENGLISH MAGAZINE
OUTLOOK ENGLISH MAGAZINE
ENGLISH IB
04.11.25.

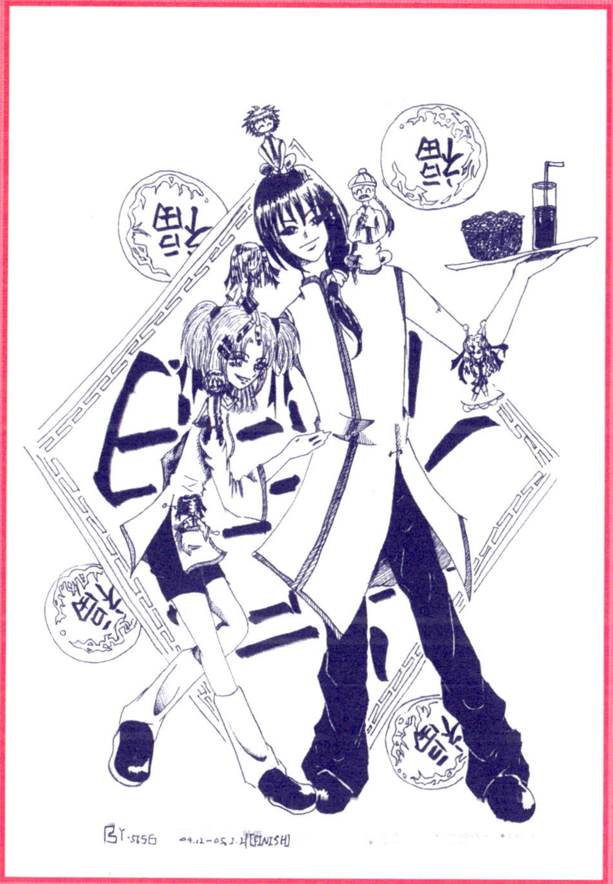
BY·5256
04.12-05.2.2 [FINISH]

装进校园的时光(下)

大辫子与蝴蝶结

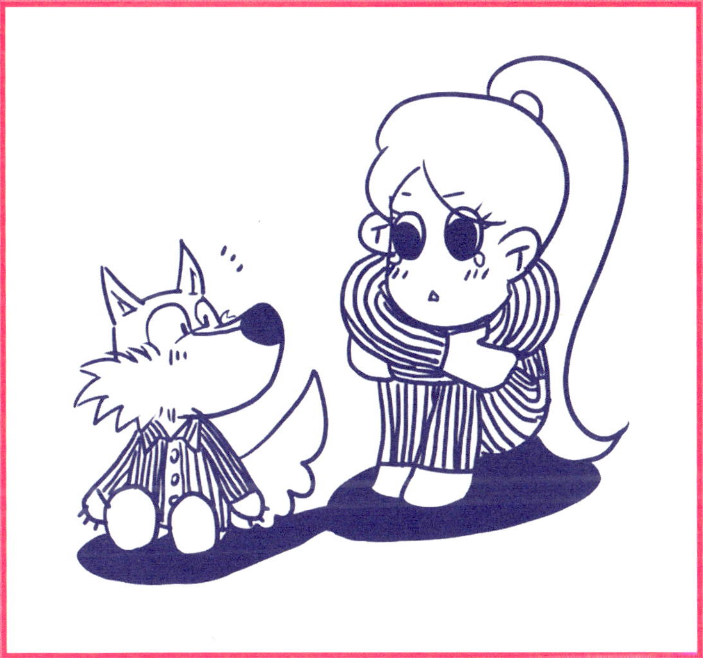

诸暴力呵,完全可以有另一些好的形式。我突然记起了高中时的一件事,我小学的时候《哈利·波特》系列开始风靡,我和同桌都是"哈迷",就捣鼓弄起一个魔法学校,大家都用代号称呼对方。我的代号是5656,在我大学同学喊我夏无双之前,同学都是喊我5656的,比如晚上有同学打电话来,电话如果是我妈接的,对方会说:"你好,我是2727,请找5656。"是不是跟地下党接头似的?上了高中后,我仍然以"5656"自居,后来索性成立一个"5656无限公司",当然本人就是老大,董事长。干什么用的?也没干什么,就是组成一个小团体,玩呗。当时我们还有活动经费,用于过节给大家买小礼物,美其名曰"发奖金"。这些钱从哪里来?说起来好笑,在家里一发现我妈有些零钱放那里,我就把它们"没收"了,大言不惭地说:"归我公司了。"其他同学也会把自己买零食找的零钱,或者买饮料剩下的五毛一块交给我。我都把它们装进一个专用的小袋子里保管着。当时还会做一些"创汇"的事情,比如帮同学削铅笔、抄作业,每次赚一毛两毛的。最有趣的是校运动会时,我们嘻嘻哈哈地出动,四处打听哪个班需要我们当拉拉队,喊几声"加油"可以赚五毛一块……想起来真是好玩。其实谁也不缺那点小礼物，但每次"发奖金"时，大家都非常兴奋，又蹦又跳又叫的，我也特别有成就感。然后有一届校运动会，入场式时我们全班来了个cosplay，各种卡通游戏的奇装异服，太炫了。经过主席台时还摆造型，把坐在上面的校长和老师乐和的。

当然，你们那个时代不可能有这种故事。那时候好像有一种特殊的气氛，人与人关系总是很容易紧张起来，大人是这样，小孩之间当然也会受影响。

南帆：我的中小学时代，拳头的分量在平衡感的建立之中产生了很大的作用，这是比较糟糕的状况。

夏无双：您不会告诉我，您以前居然跟人打过架吧？

南帆：确实打过啊，很意外？小学停课的那一年，除了各种游戏之外，我还有一个重要的活动，就是与几个小伙伴一起练习武术。没有正式拜师，我们是跟随年龄更大的一批年轻人一招一式学习打拳，他们平时有一个师傅指点，但我们没见过师傅。我陆续学会了几种拳术套路，应该说也很像模像样的。出于实战需要，几个小伙伴经常彼此捉对练习散打。我的性格之中进攻性能量不多，练习打拳是为了给自己壮胆。那个年代，无论是在街头还是在校园里，动不动就会遇到各种挑衅。街头的挑衅还有绕开或者躲避的可能，反正撒腿就跑。校园里就没有办法了。同学之间每日相见，紧张的关系必须产生一个明确的结局。

学会打拳之后曾经与别人打过几场，记不清了，似乎互有胜负吧，有时只是推搡几下。中国的拳术实战意义如何，这一直是有争议的问题，争议的双方还举行各种比武，网络上不断有这方面的报道。有个搏击狂人不断地挑战各路武林高手。我是不是由于练习拳术而提高了作战能力，这是一个说不清的问题。小学毕业前夕，我在众目睽睽之下打了一架，以大获全胜而告终。邻班的一个男生不断欺侮我，原因不明，总之，他盯上我了。下课的时候，同学们一起站在走廊上说笑，他必定要特地从另一个班级走过来取笑我，对我说一些难听的粗话。前头已经提到，据说他的书包里有两根牛角，我不敢招惹他。但是，这种状况愈演愈烈，我觉得忍耐不下去了。有一天晚上，我下决心解决问题。我做了一个梦，在梦里动手了。第二天下课期间，他又如法炮制，当众无缘无故地奚落我。我突然出手，一拳打在他脸上，他愣住了。我大打出手，拳脚交加，从操场的这一端打到那一端，他哇哇大哭，满脸是血。我之所以越打越狠，是因为非常担心他得空从书包里把牛角拿出来。最后我被老师抓了，挨了一顿痛斥。打架是非常不对的，但是必须承认，这对于一个男生的信心建立产生了意义。

上中学之后，我再也没有打架行为。那时懂事了一些，因为未来的生活重负已经摆在面前了。

夏无双：什么生活重负啊？我上中学时才十二岁，您也不会比我大太多，这么小的一点年纪，还啥事不懂啊。

南帆：当时的中学学制仅四年，跟现在六年制不同，四年一转眼就过去了。毕业之后必须进入社会工作，自己养活自己，没有理由也无法依赖父母，这是多数人的基本观念。父母倾全力帮助子女甚至供养子女，直至很多人成年之后还理所当然地"啃老"，这似乎是你们这批独生子女出现之后的事情，我们那时根本无缘享受。根据当时的经济收入状况与多子女的家庭,即使父母愿意也有心无力。20世纪六七十年代,大学校门已经基本关闭,只有少数工人、农民和士兵可以通过当地政府的推荐直接上大学,免除考试,他们的正式称号是"工农兵大学生"。我们不存在中学毕业之后考入大学的情况,所以,中学毕业之后,我的前途肯定是下乡插队。可以讨论的只能是插队多长时间,以及日后如何谋生。

我上初中的时候,父亲眼疾在家休养,这一段时间他和我有不少交谈。如同那个时代的许多人一样,谨小慎微和忧心忡忡的情绪在父亲的性格之中占据了很大的比例。根据历史经验和父亲自己的人生经历,他断言每一个人一辈子必定会遇到战争。战争的周期与人的生命周期肯定会出现重叠。区域性的局部战争时间短一些,世界大战少则几年,多则十几年。由于战争能量巨大,几年或者十几年都会对人生形成重大的影响。例如,对于中东一些国家的人民,战争是生存之中无法回避的一个大问题。那里的孩子小小年纪就得扛枪上战场,甚至残酷地充当人肉炸弹。当然,我等草民根本不可能思考如何阻止战争,父亲总是迅速地把思想集中到这个问题上:必须学会一些过硬的生活本领,从而可以在兵荒马乱的年代活下来，挣到一个饭碗。无论是在乡村还是城市，当时过得最为惬意的都是一些具有实用技术的人才，例如汽车司机、杀猪的师傅、厨师、木匠，等等。推崇杀猪的师傅和厨师，是因为他们吃肉肯定没有问题了。父亲最爱重复的一句话是，万贯家财，不如一技随身。功课好当然不是一个缺点，但是，重要的是，应尽快学好这"一技"作为生活的保障。

我在少年时代涉猎过围棋、乒乓球、书法，这些爱好都包含了日后谋生的意思。学好书法，日后可以在乡村帮助别人写对联，如果被某一级乒乓球队或者围棋队看上，一辈子的饭碗就没有什么问题了。当时曾经观察和尝试我所能接触到的多种实用技术，从来没有想到我的后半辈子居然从事学术工作，而且还是研究文学。父亲是语文老师，空闲的时候愿意传授若干语文知识给我，甚至还想教我写几句诗，但是，他在这个方面非常矛盾——他不断地表示，我长大之后决不能从事文字工作。与文字相关的职业太危险了。他当年在业余大学教书，写作课的时候教学生写作论说文。他常常课余替一个得意的学生批改作文，例如指出他的哪些方面论述不够充分，论据不足，无法有效地反驳对方的论点，如此等等。然而，运动一来，这个学生率先贴出大字报揭发父亲，大意是他当年已经在作文中批判了某个资产阶级反动权威，父亲批改时居然认为他的驳斥不够有力，这是包庇反动分子。父亲完全不记得这件事，但是吓得晕头转向，大气不敢出。从此他产生了文字恐惧症，任何文字最好都不要留存下来，以免大祸临头。如今我居然又从事文学工作，这像不像一个讽刺？用电影里面的话说，一切都是命啊。父亲当年比较看得上的高级技术是装配无线电收音机。在一个语文老师看来，这种实用性的科学还是安全的，只要不用收音机听敌台。但是，他自己对此一窍不通，我没有条件接触这种科学，也买不起所需的各种无线电器材，一个小小的梦想而已。

夏无双：难以想象，要是今天您老人家是个厨师或者木匠，会是什么样子，就是成了什么无线电专家，感觉画风也完全不搭啊。

南帆：　这就是所谓的命运。年轻时茫然站在很多岔路口上，未来有各种可能性，向左向右都只在一瞬间，人生有太多偶然性了。曾听你妈说过，你小时候阅读面很广，作文也挺有意思，大约也有指望你当"文二代"的意思。但事实上你对文学却没有太大兴趣，而是转向绘画了。文学与艺术虽然是相通的，但毕竟还是有距离。现在很多已经成名的作家，包括你妈在内，都跨界画画，虽然他们与专业画家技法上不可比，但也另有一种味道。对艺术而言，人文底蕴毕竟是重要的。一个人多几样技能总不是什么坏事，设想一下，若干年过去，因为机缘巧合，有一天你会不会也突然跨过界写起小说什么的？

夏无双：不可能，至少可能性很小。大概是近庙欺神，反正我从来都没有想当作家。小时候家里到处都是书，虽然闲着无聊时确实看了很多，什么书都随手瞎翻瞎看，但那时我向往的是当法医和天文学家。想当法医是因为那时非常着迷推理小说，所有案件山穷水尽时，总是法医找出关键线索然后柳暗花明，真的好酷。但是当法医这个梦想被我妈坚决反对掉，她无法容忍剖尸之类的活儿。而想当天文学家的原因是，我小时候的另一个爱好就是看各种天文科普读物，通过这些书，宇宙的大门打开了，非常有趣而神秘。但是，这个专业太需要智力了，而我智商不够，只好算了。于是，只能争取实现我的最后一个梦想：当个画家了。

从小到大，我妈其实也没特别把我往"文二代"上培养，反而我喜欢画画，她也积极地帮忙，包括帮我找画室、找美术老师什么的，这应该跟她这个人比较文艺有很大的关系吧。其实我妈一开始最想让我学的是舞蹈，可我实在没有这个天赋，韧带硬得够呛。还有我妈一直想让我精通一门乐器，以前送我学古筝，最近又动员我学古琴，结果我是个五线谱学了这么多年仍然不太清楚，简谱都恨不得用手算的那种音痴。学了那么多年的乐器，现在差不多也忘光了，残存的一点乐感，最多只是用来唱唱KTV。我妈因为自己学生时代跳舞、画画、打篮球、练田径体操乒乓之类的，反正挺全面，所以估计也想把我培养成德智体美劳全面发展的才女，结果我天赋有限，智不够，体没有，劳更是不会，也就德和美勉强够用吧。

说个笑话，高一校运会时，我报了个一百米比赛。预赛我跑得贼努力，冲过终点时候好像是第二还是第三,我还沾沾自喜,以为肯定能进入下一轮。结果没成绩,成绩被取消了,因为我跑偏了,是跑到别人的道上冲过终点的。第二年,我的小伙伴们为了预防这类问题再次发生,她们在我那条道的终点线站着,手里举着我二次元男神的海报。这次我倒是进了决赛,但由于这个方法着实既显眼又弱智,很长时间过后,我仍然成为同学的笑柄,确实太丢人了。不过我的手工倒是无师自通,捏个小东西、做个衣服、拼个家具什么的都还行,估计是遗传自我外婆。在我妈眼里,这些技能都没啥用。还是您说得对,一个人多几样技能总不是什坏事,至少日子比别人丰富一些。

南帆: 但是高考的重压下,其实很多学生都缺少精力和时间去学习考试以外的技能,家长也一样,你们感到疲惫不堪,父母感到的是"心"累。如有可能,许多父母真愿意替子女做作业。如何当好独生子女的父母?这是这一代父母面临的全新问题。

鲁迅当年曾经提出如何做父亲的问题,父母亲在子女的教育体系中起着什么作用?这似乎也是一个悬而未决的问题。现今,许多父母的责任似乎就是将孩子赶到习题的海洋和补习班去。这些父母与老师目标一致：考上大学，万事大吉，"不拼搏没老婆，不用功没老公""只要学不死，就往死里学"，如此等等。父母与老师的手机联成一个严密的罗网，他们的子女无处逃遁。大学是一个终极目标，却没有多少人愿意想一想进入大学干什么。大学至少包含了知识的探索与创造，然而，如果中学时代的习题海洋和补习班形成了一个巨大的压抑，几年高强度重压之下，从此丧失了对于知识的真正兴趣，那么，即使考上大学也无济于事。网上不是每年都会出现高考后学生狂撕课本的照片吗？大学之后很多人又报复性地厌恶学习，这都很值得反思。当然，多数父母隐约觉得，跨入大学校门，今后的生活就有了保障和出路，他们也就尽到责任，可以松一口气了。我这么说并非批评父母，而是希望改变社会舆论氛围和制度保障体系。愿意不愿意读大学以及什么时候读大学，似乎都可以设计得宽松一些。同时，各种学习方式——包括大学之外的——都应当显示出真正的吸引力。进入大学之后，许多学生并不缺乏基础知识，而是缺乏创造力，研究生之后更明显，这也是中小学教育必须考虑的。许许多多的知识分子早就已经注意到类似的问题，可是，十几二十年过去，这种状况几乎没有任何改变。古今中外的一些伟人出生于教育环境良好的家庭，他们的父母既能使孩子形成一个健全的人格，又能激励他们探索热情，既能够保持孩子的自由天性，又能使他们避免懒散懈怠，许多经验是值得中国父母深思和研究的。

夏无双：您指出，你们这一代做父母的很多人存在问题，独生子女问题确实是新冒出来的，全家就一个，矛头当然都对准我们。像你们父母那一代，家里孩子多，谁还管得过来啊？而且那时也穷啊，做父母的都忙着挣钱，也不像现在这样，一门心思花在孩子身上，整天琢磨孩子学什么，然后上什么大学，找什么工作之类的。

南帆： "望子成龙"哪一代人其实都一样。小时候我父亲也一直担心我后半辈子挨饿，所以努力为我设计一个可行的目标。当然，他的视野是那个年代和他个人的经历所赋予的。其实那时我和父亲也曾达成共识过，我们共同锁定的目标是木工。邻居雇了一个木工打家具，我站在旁边看了两天，很快就掌握了木工的基本技术，例如锯、刨、凿，等等。我买来了锯片和刀片，自己制作锯架和刨刀架子，加上锤子的凿子，很快就做出了几把方凳，甚至使用了很长时间。

当时我还想要另一种锯片，福州买不到，就写信到南京托我一个叔叔代买。叔叔五十年代大学毕业之后，留在南京的水利学院当教师。他果真买到了锯片寄来，同时给父亲写了一封信。我当时也读到了这封信，大约三页纸，我还清楚地记得叔叔的笔迹——他已经去世多年。信中大约有这么几句话，大意是木工是很好的职业，父亲可以支持，但是，不要因此放弃读书，知识还是有用的，可以放宽一些眼界。叔叔的话说得很委婉，我不知道父亲有什么感想，但是，这几句话对我产生了很大的触动。当然，我并没有因此抛开木工活而专心读书，生活的道路也没有什么特殊的改变。如果没有改革开放，我的这一辈子根本不会与大学打交道——我至少必须做好下乡插队十年的打算。我想说的是，在那种只能盯着饭碗的日子里，我突然听到了另一种声音，心中存下了另一种念头，这是非常幸运的。

夏无双：嗯，感觉你好感慨啊……但是，有没一种可能，就是做父母特别放松，特别相信自己的子女以后不会挨饿——"车到山前终有路"之类的放松和自信，这样难道不更好吗？要知道，家长对我们学习以及未来的紧张兮兮，虽然动机都是好的，但真的有时候让人挺崩溃。童年少年好苦啊，现在都不敢回头多想。每次考试后就公开排出名次，再开家长会，当着所有家长的面公开成绩排名情况，谁考得好，谁考得多差多差，太残酷了，成绩差的学生家长头都抬不起来。相比较，我觉得对儿子只要求以后当个木匠就行，这种家长真是大慈大悲的菩萨啊。您看，您最后不是木匠，而是教授，意不意外惊不惊喜？反过来，如果一开始就指定您是教授，而现在您却是木匠，什么感觉？哭吧。

南帆：如果当木匠，其实我也可能是一名好木匠。不管怎么说，考虑各种选择的时候，这种功利的视野上一代人始终如影随形。对于我，对于父亲都是如此。恢复高考的消息陆续传来，我很迟才开始复习功课——当时在乡下插队，我一直觉得这是一件与我无关的事情。消息越来越真切，我终于找人要到了几本复习资料开始读书。报考什么专业呢？由于中学的语文曾经得到老师的鼓励，那就考中文系吧。我的资本仅仅是少量的语文知识、几篇中学作文和胡乱看过的若干本书名都没弄清的小说。但是，还有什么更适合的吗？经济学、社会学之类几乎一无所知。

有趣的是，高考复习期间，我突然对数学练习题发生了很大的兴趣。那时拿到了一批练习题，做起来竟毫无困难，每天就在那儿做习题玩。我妹妹当时报考工科——她也是七七级大学生，她觉得我的数学水平已经不亚于她了，考文科有必要在数学上浪费这么多时间吗？由于她的提醒，我才恋恋不舍地把数学放到一边。日后公布高考成绩，我的数学接近满分，但是，历史与地理很差。因为中学没有读过，很多基本的概念都说不出来。

当然，我从未考虑改变专业去学理工科。不是因为没有兴趣，而是因为没有录取的可能性。当时觉得，考入大学的成功率无比重要。对于一个知青来说，这的确是改变命运的机会，没有人敢视为儿戏。另一方面，我对于文学的确有兴趣，迄今也没有改变。

我当时的基本目标是考入福建师范大学，进入厦门大学已经是额外的收获。至于北大清华之类从没考虑过。北大中文系在福建招收的名额仅两个，我觉得傻瓜才会把自己的命运与两个名额进行赌博。后来我分别认识了这两个福建省"七七级"的北大中文系学生，一位毕业后分配在福建师范大学当教师，另一位是我华东师范大学的研究生同学。

夏无双：跟您不同，我高考前的着重点不是复习文化科，而是先要拿到艺考的成绩。高考前我去校外培训机构办的画室上了半年补习班，就是专门应付艺术考试那种，周末和假期一整天上课，其余时间一般是白天到学校上文化课，晚上再赶到画室，反正就是画画画，强度非常大。等到三月艺考过了，我就一下子松下来，每天呼呼大睡，补觉呀，之前缺太多了。高考前体检，发现自己睡胖了十来斤，很壮观。美术生文化课要求不高，虽然北京电影学院动画学院文化课要求算高的了，但也就四百多。如果没记错，我那届录取线是四百三十分。

南帆：你的高考与我的经历完全不同。你当时是凭着个人兴趣，管他日后就业形势如何。艺术考试的名额非常少，你还非要上北京电影学院的动漫专业不可，全国只按成绩从高到低收三十个吧？如愿以偿当然取决于你自己的努力和才能，但是，你可以义无反顾地往前冲，没有某种功利性的考虑追在背后，你妈也没有这个顾虑，这就是时代的差异。

夏无双：其实我妈当时还是有顾虑或者说焦虑的。高考志愿我只报了北京电影学院，而且注明不接受调剂，现在想想确实挺冒险的，考不上就毁一年，那时是无知无畏。她就不一样，高考录取线公布出来之前愁个半死。

现在的小朋友从小学甚至幼儿园开始就各种补习班，有的甚至报了好几个学科，周末不是在补课，就是在前往补课班的路上，几乎不可能去公园或者野外和小伙伴玩。另一些补习班晚上开张，中小学生上完学校的课再去补习班上课，是不是听着头皮都会发麻？许多小朋友上补习班的原因其实不是因为功课赶不上，而是因为班上的其他同学都上补习班。家长觉得，自己的孩子不上补习班就有被淘汰的危险。想一想就明白，现在的家长不仅分担了各种压力，同时，他们的辛苦程度不亚于子女。除了陪小孩上补习班，学校还要求家长参加一堆活动。我们那个时候哪有这么多破事，平时都是自己学，家长最多就是初三和高三的时候加强监督一下，看看有没有偷懒。当然刚才说了，对子女是否考得上他们也很焦虑，毕竟上好高中对上好大学很重要，而上好大学对以后就业也很重要。要是有一天学习成绩不重要了，学生就仙了。

南帆： 我们结合各自的经历聊了聊自己的学生年代。比较而言，你的文化环境和学习条件比我好多了。尽管如此，我还是觉得，你们的学生生活之中人文的内容太少了。所有的目的都是尽量把各种知识塞入脑子，即使人文的知识也仅仅是知识。背诵唐诗宋词无非为了应付考试，而不是培养审美情趣。人文内容的匮乏将带入大学生活，继而进入成人的日子。我们可以遇到不少优秀的理工科知识分子，他们的专业成绩可能相当漂亮，但是，许多人的内心枯涩、单调、刻板，显现不出丰富、开阔的人文情怀。

我曾经以清华大学和北京大学为例说过一个比喻。清华的学生肯定聪明、清晰，具有很强的实干精神，善于准确而迅速地抵达预设的目标。如果及时地把规则告诉他们，他们就能将游戏玩得最好。北大的学生相对散漫自由。如若告诉他们游戏规则，他们首先就要讨论这种规则是否合理，甚至一辈子都在讨论之中。当然，这里所说的清华、北大无非是一个象征性的符号。许多人认为，社会需要的是大量工科人才，实干兴邦。我赞同这种观点。但是，社会不能没有反思精神，没有批判能力，没有审美情趣。许多人文的内容不是一种具体的、可操作的知识或者技术，也不是若干用于背诵的警句格言或者"鸡汤"时文。人文的内容将融会于个人的素质、人格、情怀以及为人处世之中。仅有某一方面的专业知识还可能表现出思想、性格、情趣的贫乏。某种程度上，这种贫乏也将限制专业知识的持续拓展。

我不知道中小学的教育管理机构是否意识到这方面的问题。即使意识到，教育方式、师资配备或者制度保障还要花费许多的时间与精力。但是，对于一个民族的未来，这个问题事关重大。我相信迟早要进行这方面的努力，我们拭目以待吧。

大脑里的宇宙

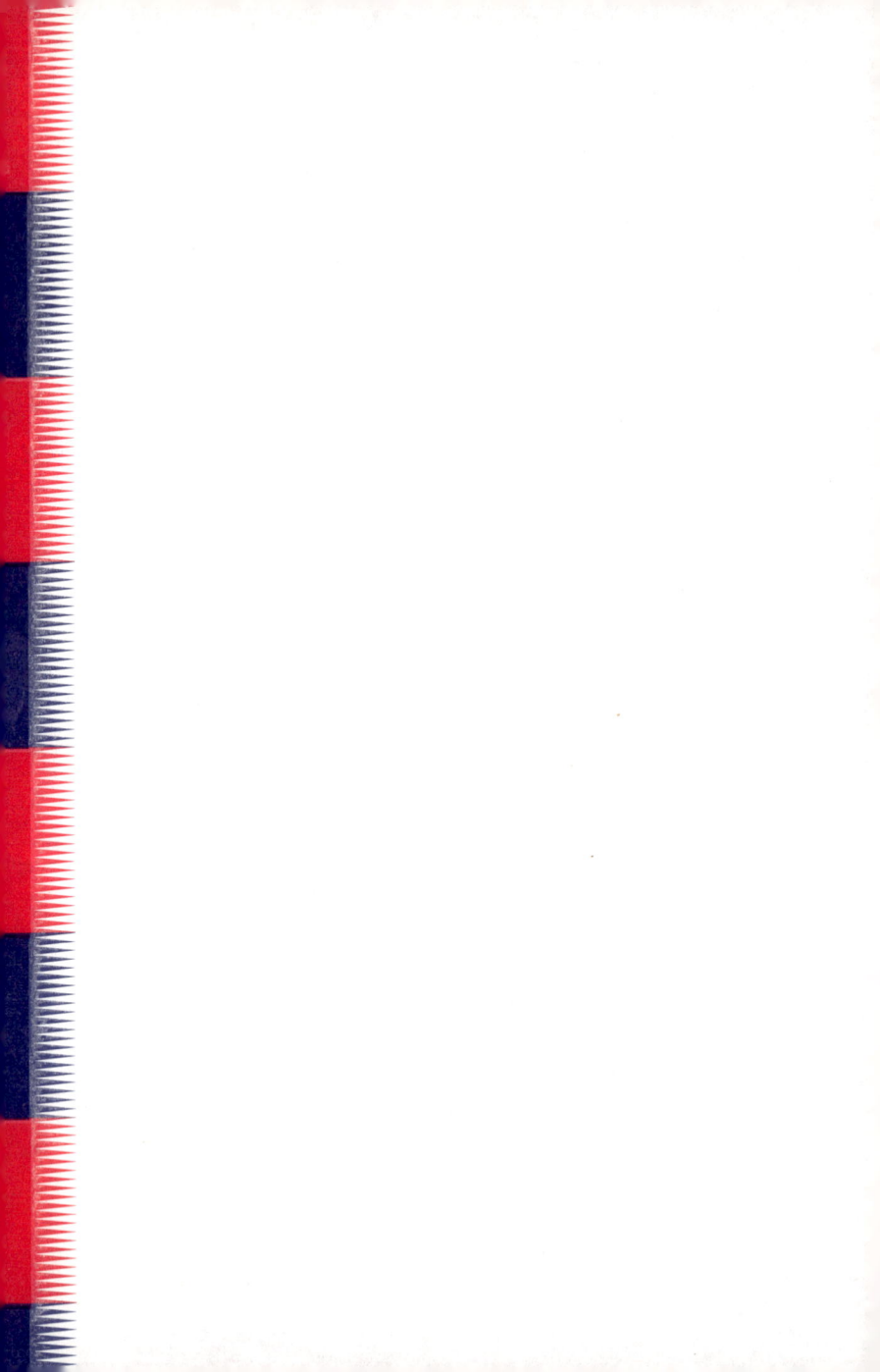

主持人语：宇宙很小，大脑很大

　　两眼向下，竭力把大地和地上万物纳入视野，这是写小说人的行事方式。生也有涯，而世象如此纷乱庞杂，战士般紧起身子穿过漫天烟火，穷尽思虑，也未必能参悟几许。在短兵相接中日复一日，现实已经让人多么气喘吁吁地疲于奔命，至于苍穹，至于缥缈无尽的苍穹以外，通常只能叹口气，根本舍不得拨出越来越逼仄局促的时间和精力去打量。

　　但下一代却不同，他们从小吃饱喝足衣食无忧，即使有不爽，也仅仅唉声叹气于没完没了的作业和一波波无聊残酷的考试。从枯燥呆板的课本中抬起头，他们不约而同忽然奇怪地拐一个弯，竟纷纷以眼望星空胸怀宇宙为己任，为另外星球上虚幻如梦的风花雪月、干戈玉帛操碎了心。有没有被他们雷到了？我就经常。夏老师年幼时，整天不着边际地揣测地球的边界及边界外的种种可能，并且不容置疑地坚信随时可能有外星人款款前来敲响家门。那时听起来不过是儿童呓语，现在才明白，原来她不过在期待一种比眼前更有意味的生存体验。

二十多年来我们之间一直形成这种互相拉扯博弈的关系：当我反复诲人不倦地把当下诸多险象环生匪夷所思的故事搬到她面前，试图让她双脚踏踏实实踩进现实土壤时，却一次次被她喋喋不休灌输的平行宇宙、黑洞、暗物质之类花里胡哨的知识推向遥远苍茫的天边。"哇，我告诉你……"这是她常用的句式，说时两眼闪烁，满脸喜色，仿佛忽然邂逅心仪的白马王子，其实不过刚囫囵吞枣获知某个粗浅的天体知识。悲观和乐观于是成为两人性格中最显著的区别，当我的忧心忡忡总是被嘲笑时，她的各种满不在乎又反复被不屑。不公从天而降时，我建议她反击，她说"无所谓啊"；误解突如其来时，我命令她尽快解释，她说"算了，随便呗"。

不免会不时与同代人一起闲聊慨叹，居然共鸣者甚多。问号因此纷至沓来，究竟是我们背负太多现实的重量，还是他们飘得太玄幻虚假？彼此相看，应该都互觉不可理喻吧？而这之间，仅仅相隔二十多年的距离。

我们与父母的距离也不过二三十年，回想起来他们一向挂在嘴边的叮嘱教诲，都是如何有效掌控生存技能，并且凭一技之长在现实中稳健立足，然后出人头地，最好还能飞黄腾达。向左看看上一代人，再向右看看下一代人，难免一阵恍惚。这是"光阴似箭"这个词最令人感慨万千的一种注解吧？

所以这场对话相当有价值。虽然同样一日三餐，同样昼出夜息，同样穿衣戴帽，其思维方式与目光所及却早已相去千里。也好，也不好，这才是真实的人生。

南帆： 我们来讨论一下幻想类型作品吧。

人们历来认为，想象力是文学艺术一个不可或缺的品质。可是，这一阵我却意外觉得，幻想类型作品的想象力似乎远远超出了我们的期待。直白地说，这是一种失重的想象。我们所期待的想象背后，往往存在或隐蔽着历史逻辑，其故事可能存在于历史的某一时刻，虽然不一定会真正发生。换一句话说，我们所期待的想象力是一种平视，故事的线索就在现实土壤周围延伸。可是，如今你们所热衷的那些幻想类型作品背后的历史逻辑中断了，就像断线的风筝。风筝失控后越飞越高，与我们置身的现实生活迅速失去了联系。失重的想象飞速地穿过大气层而火箭一般地冲向太空，现实生活不见了，那个所谓的宇宙哐当一声笼罩在头上，种种莫名其妙的外星人或者妖魔鬼怪说来就来了。我在转开眼睛之前只想问一句，有必要为那些毫无联系的事情耗费这么多的情感和精力吗？

幻想类型之下拥有许多次级的类型，譬如"科幻""魔幻"或者"玄幻"，它们之间的区分只能由你等一会儿来完成。促使我选定这个话题的原因是一个令人诧异的对比：你与你的同代人对于幻想类型作品如此感兴趣，我与我的同代人对于幻想类型作品如此冷漠。这是为什么？

夏无双："科幻"是指科学幻想，包含各种物理、生物、化学领域以及宇宙太空，是对未来科学发展的想象。比较有名的科幻作品有美国电影《星球大战》《星际迷航》。在大部分人的印象里，科幻电影都是大投资，大制作，但是有一个我个人特别喜欢的电影，叫《这个男人来自地球》，它总投资大约才两百万美元，没有任何的炫酷特效，就是六个大学教授围着一个火炉七拉八扯聊了一下午，故事全靠编，却编得特别有想象力，各种脑洞大开，非常抓人。不过这个电影的第二部却奇烂无比，建议别看。

"魔幻"是指包含会使用魔法或者魔法生物的角色的作品,其中最有名的是《龙与地下城》《魔戒》《哈利·波特》。这其中最特别的是《龙与地下城》与《魔戒》这两个系列,创造出了完整的西方玄幻体系,也就是精灵、矮人、兽人体系。这个体系我认为几乎影响到后来所有的西方魔幻题材作品,包括小说和游戏——最著名的游戏就是暴雪的《魔兽》系列,这个系列里面的分支包括暗精灵、半兽人等。

"玄幻"与"魔幻"比较相近,但是多了神话的元素,主角多是神仙或者修仙人士,这个题材在中国比较普遍,大部分所谓的大 IP 作品都是这类题材。

南帆: 听你这么一介绍,我进一步意识到两代人的差距如此之大,这很有意思。我日常工作是从事文学研究。我所认识的多数文学研究者视野之中,这一类作品从未占据主流位置,它们仅仅是一些不入流的玩意儿,若隐若现地浮动在文学史边缘,老实说从未提起我正式考察的兴趣。然而,不久前,一个现象引起了我的注意:出差乘坐飞机的时候,飞机上储存的电影目录中,一半以上都是幻想类型作品。如果不想与外星人、宇宙飞船或者另一个星球打交道,几乎就没有电影可以看,这无疑证明了幻想类型作品的市场。后来我又从电影院的票房统计中发现,年轻的观众通常为这些电影贡献了巨大的利润,最近的例子当然就是《流浪地球》。为什么你们对于幻想类型作品如此迷恋?哪些内容吸引了你们?

夏无双:我不是很清楚其他人为什么喜欢,可能是两代人成长环境不同所致吧?以我自己为例,小时候我就接触到很多与天体物理有关的图书——你们小时候没书可看,我们这代人却不一样,动不动就被拉去图书城。只要我们肯买书看,每个大人都跟中奖似的高兴,买买买,快买。虽然看得有一搭没一搭,但看多了思维方式就渐渐被影响,觉得行星、黑洞、宇宙非常神秘又非常有趣,然后由天文再接触到了星座,从星座又延伸到希腊神话,导致我现在知识结构挺奇葩的,甚至有一部分绘画的题材也来自希腊神话。小学的时候曾看过三四种版本的希腊神话,其中包括罗马神话版本。那时不求甚解,就是噼里啪啦瞎翻,曾经疑惑过为什么有些神的名字不一致,以至于我现在还常常把希腊、罗马的众神名字弄混。真正让我喜欢上魔幻作品的是

《哈利·波特》和《魔戒》。

《哈利·波特》是我小学五年级的时候在我们当地的报纸上看到广告，当时这套书才刚出，没有什么知名度，报纸用了半个版面刊登了《哈利·波特与魔法石》的选节，我看完立刻就让我妈妈带我去书店买了一至三册，越看越入迷，反复看了应该不下十遍吧？然后又疯狂给很多同学安利，甚至在班上成立了魔法学校，每个人都取了代号，而我的代号到现在还有同学这么叫着，就是"5656"。

初二时《哈利·波特与凤凰社》才出版，当时真是盼星星盼月亮等着啊，每天都恨不得跑去J.K.罗琳家帮她抄写，催她快写。心里暗搓搓想过好多次：我妈也是作家，可是她为什么居然不是J.K.罗琳呢？《哈利·波特》系列电影一直到现在仍是席卷全球的票房保证，成为全世界新一代小朋友童年必看读物之一。我的经验是，在国内和年纪相仿的人见面尬聊，实在找不到话题时，只要搬出《哈利·波特》，一切都解决了，话要多滔滔就有多滔滔。

南帆：写出来的作品如此广泛地受欢迎，确实让人羡慕，但我至少到现在仍没有阅读这位英国女作家作品的兴趣。也许哪天得空时会翻一翻,研究下它究竟魅力在哪里吧。可以确定的是,无论如何我都不可能像你一样为之疯狂。年龄是一个原因,更多的因素来自我对这类题材的警惕与不信任。我似乎在哪儿看到一个英国文学教授对J.K.罗琳的表白,大意是你挣多少钱都可以,我既不羡慕也不嫉妒,但是你别指望我在课堂上说你一句好话。我立即觉得这个家伙肯定是我的同道。反正我不喜欢魔法这些鬼东西,看电视的时候,只要遇到外星人或者籍贯不明的怪兽,我立即就会转频道。魑魅魍魉,怪力乱神,这些玩意儿姑且留在传说之中,文学艺术就不要再为它们腾出位置了。文学艺术必须关心的是人情、人心、人性、人世间,而不是那些虚无缥缈不着边际的玄想。事实上,只有各种人世间的戏剧性冲突才会真正打动我。我们关心的恩怨情仇就发生在办公室、街道、社区和村庄里,亲人、朋友或者对手、敌人抬头可见。我从不考虑见了外星人如何打招呼,要不要邀请他们逛商店或者防范他们突然袭击,也没有听说周围的哪个人正在煞有介事地筹备星际旅行。为什么几乎在一夜之间,你们这代人的兴趣如此大面积地转向了那些从未见过的内容?这简直是一个令人头痛的谜。

夏无双：因为整个宇宙非常有趣啊，在地球之外，还有无数值得让人胡思乱想的星球。我觉得我们这代人喜欢科幻是因为近些年科学飞速发展，互联网的普及，让更多的人了解到太空宇宙，这变成了我们这代人的常识之一，甲乙丙丁谁都能知道一些。而在你们那个年代，宇宙这个词估计和封建迷信差不多吧？我记得在美国电影《黑衣人》里，导演就恶搞过各种科幻片出现的第三类接触：男主角需要护送一个外星人离开地球，那个外星人说自己被关起来的时候，斯皮尔伯格曾经来找过他，跟他聊了会儿天，回去就拍了《E.T.》，然后男主角问他会不会说克林贡语，外星人表示，那是他瞎编骗导演的。这段讽刺意味十足，特别是对于克林贡语，这是著名科幻《星际迷航》里面的外星种族克林贡族的语言，由于语法完整甚至列入了联合国小语种语系，欧美许多科幻宅都以会说一口流畅的克林贡语为荣，但是这件事在外星人看来可能却是一件特别愚蠢的事。您看多有意思，我们生存的空间一下子变得很多维，又华丽又浩荡，并不仅仅只是眼前这么局促沉重的鸡毛蒜皮和家长里短。有时候我会突然想，如果每个人都有宇宙思维，内心是不是就不至于那么阴暗和小肚鸡肠？当我们觉得自己很渺小而苍天大地很浩瀚辽阔时，我相信就不会那么急呵呵地拉下脸皮去争去抢。反正宇宙那么丰富，无边无际，那么多东西等着你去喜欢，哪顾得上跟旁边这么不好玩的人纠缠那些不足挂齿的小事？没空。不屑。拜拜。爱咋咋地。

南帆： 你这么说似乎也有道理，但我疑惑的是，你们不期待文学艺术展示熟悉的现实吗？我曾经说过，一个世纪以来的文学教育正在遭受强烈的挑战。事实上，幻想类型的作品古已有之。五四新文学运动发生的前后，文坛上同时存在许多幻想类型作品。神魔作品是文学史上势力很大的一个派别，科幻作品晚清已经翻译到中国。然而，五四新文学强调的是现实精神，强调人的文学，平民的文学，为人生的文学，所以，现代文学史的正统选择是"鲁、郭、茅、巴、老、曹"。鲁迅、郭沫若、茅盾、巴金、老舍、曹禺这些作家的强大影响都是因为深刻地展示了某个方面的现实生活，尽管说所谓的"现实生活"不能简单地理解。你们对于幻想类型作品如此喜欢,以至于让人觉得,现代文学史遵循的文学观念正在破裂。传统的文学教育对于你们仿佛失效了。当然,你肯定也可以想到,质疑总是从这里开始:那些幻想类型视而不见地略过一日三餐、朝九晚五这些日常景象,可是,你们的双脚不是仍然滞留在土地上吗?事实上,你们应该是非常有"现实感"的一代人。许多80后、90后的年轻人都在不断感叹和抱怨自己的生活处境:高考压力,就业艰难,房价节节攀升,房贷压得喘不过气来,收入低下而上司的脾气又那么糟糕,孩子幼儿园的学费还没有落实,同事的婚礼必须随喜,如此等等。可是,进入电影院,这些问题突然消失了。随后的一两个小时,你们的感情慷慨地掷向遥不可及的太空,不着边际地与那些臆造出来的生物同呼吸共命运,兴奋甚至悲泣。难道你们不希望文学艺术能够回应自己的生活吗?

夏无双:您已经知道我们这一代人不容易了嘛,生活都如此艰难了,为什么还要看那些反映生活沉重的作品啊!何况现在很多现实题材的国产电影电视剧相当弱智,一点都不符合现实逻辑,比科幻片还魔幻好吗!编剧的智商都跟小学还没毕业就出来混社会的一样，剧情一个比一个混乱低劣，根本打动不了人，所以只能请那些流量小花小生来撑收视率。但是那些没有演技的流量让剧情变得更加弱智，只能靠粉丝在评论里疯狂洗白，简直把我们这种路人观众当傻子。相比较，我认为科幻片算是受灾比较轻的领域，因为剧本难度很大，投资又高，万一糊了就亏大了，所以在同等条件下，一般编剧都不喜欢写科幻，他们喜欢写都市、青春偶像、宫斗这种题材的，因为可以随便"借鉴"，不需要太高才能，也没把收看者智商设定得太高。这其实就恶性循环了。

南帆： 你这么一提醒，我似乎很长时间没看过国产电影了，当然，外国电影看得也很少。让我们这些从事文学的人公开地骄傲一下：许多人的确看不上电影编剧和导演的智商，尽管他们的确挣了很多票子。故事编得太差了，完全浪费了虚构的特权。

　　虚构是文学艺术的一个重要特征，也是文学艺术享有的特权，文学、哲学乃至心理学都对虚构带来的想象进行了深入的研究。日常生活中，虚构通常归入谎言的范畴，任意虚构将遭受严厉的道德谴责。文学艺术之所以享有虚构的特权,因为它许诺对于这个特权给予相应的报偿。换一句话说,文学艺术的虚构必须提供如实记录所缺乏,甚至无法展现的内容。但是,幻想类型作品和具有现实感的作品来自不同的虚构方式。

考察文学艺术的时候,有必要区分两个类型的虚构。第一种虚构存在"真实可信"的可能,尽管这个事件并未真正发生,例如"一只俯冲下来的老鹰叼走了门前的兔子",或者"吉普车撞碎了路边商店的橱窗";另一种虚构抛弃了"真实可信"的前提而仅仅是一种单纯的想象,例如"小张穿越到明朝成为一个状元",或者"这个小分队乘坐五号飞船抵达金星"。需要细心辨析的一种现象是:由于实现的概率极低,某些貌似第一种虚构的情节事实上毋宁归结为第二种,例如"一个年轻人跌下悬崖,中途落在一棵松树上,随后潜入一个秘密山洞,幸运地发现绝世武功秘籍,十年之后成为号令天下的武林第一高手"。

我所关注的文学艺术通常属于第一种虚构。"真实可信"隐蔽地表明,这种虚构或许某一天会成为真正的现实。事实上,这种秘密的企盼已经包含了文学艺术改造世界的期待和希望。"可能实现"是敦促世界向这个方向转变的前提。让文学艺术以自己的审美方式承担改造世界的任务，这种观念已经赢得普遍的认可。相对来说，幻想类型作品肯定属于第二种虚构。这种虚构不需要考虑历史的逻辑，也不与现实相互参照，任凭想象漫无边际地飞翔。借助精神分析学的观点，这种虚构更像"白日梦"，只是欲望的象征性满足，作品的效果仅仅停留于心理层面而不会转化为现实层面。

夏无双：可是我们这代人就是喜欢看第二种呀。很多人都幻想过自己是武侠小说的主角，天下第一高手，虽离自己的生活特别远，但想一想就非常爽歪歪。我们这代人从小就是在不停地上课、考试中长大的，大家被要求做事情是要合群、要规范，不能离经叛道，每天穿一样的衣服、留差不多的发型、读同一种课本、完成毫厘不能差的作业，活动的空间除了家就是同一间教室，每个人都因此变成了平凡普通、方方正正，和同学甲同学乙没有什么区别，像一个模子倒出来的，日复一日，不过如此。所以当我们看到一个平凡的人偶遇了一个避世高手，眨眼就拥有独门奇术，上天入地傲视天下，或者以一当十势如破竹，哎呀自然就羡慕得不得了，很容易就代入自己，觉得自己和别人不一样了，变成了一个特别的、不同凡响的人，过着与众不同的有滋有味的人生，拯救危难也是分分钟的事。要说这是"白日梦"也没错，但我们要是连梦都做不了，只会呆头呆脑地做作业和考试，不是更没意思吗？

南帆：一代人的教育方式产生了完全意想不到的结果，这是许多教育专家应当反思的问题。按照我的观察，这种教育方式至今仍在顽强地持续，成年人不由分说地将自己设定的枯燥现实塞给你们，为你们制造的最大欲望居然是尽快逃离这种现实，真是一个反讽。

让我稍微解释一下——我并未武断地将"欲望"设定为贬义词。我们都会在社会生活中遭遇各种难题，譬如，贫穷，疾病，社会地位低下而遭受蔑视，一往情深而得不到回应，功名未成而老之将至，如此等等。改变这些状况的企图即是欲望。问题在于如何实现这种欲望？

相对于积极的实践，虚构是心理层面上的行动。

· 水彩十大行星之地球 ·

· 水彩十二生肖之子鼠 ·

· 油画：鼠年 ·

我们喜欢虚构自己渴望同时又匮乏的内容。这时，欲望是虚构的主要动力。如果不存在欲望，我们甚至懒得虚构。第二种虚构制造的"白日梦"往往是一种廉价的精神安慰。想象自己是一个尊贵的王子或者是一个打遍天下无敌手的武林至尊，这是一种安慰，想象自己幸运地得到"超人""蝙蝠侠"的宠幸是另一种安慰。当然，"白日梦"负责营造的情节有惊无险，"大团圆"结局在"超人""蝙蝠侠"的关照之下如期而至。我知道这种结局很快乐，但是，你们相信这种快乐吗？另一个更为严重的问题是，为什么你们总是乐观地觉得"超人"或者外星人必定带来"大团圆"结局，它们一定更善良，更有同情心？凭什么相信它们肯定不会造成彻底的毁灭？

夏无双：当然不至于相信，只是想想而已。其实吧，我更希望自己能成为"超人""蝙蝠侠"去拯救世界。我知道自己做不到像这些主角一样能吃苦受累以及勤勉奋发，所以我就是看啊，一边看一边把自己代入，有一种不费一丝力气就力挽狂澜的酸腐感，心里美滋滋的。真让我真刀真枪血肉模糊地去拼杀，我肯定没有这个胆的。我们的快乐就是幻想自己有超能力，托起地球一根手指头就足够了那种，是不是很爽？这应该跟欲望关系不大吧？因为是明知道无法实现的，心里也不会有什么痛苦或者失望。不能拯救就不拯救呗，转身就丢脑后了。为什么那么相信它们呢？这个问题没认真想过，也许恰恰因为不怎么相信身边的人。我们希望遇到的"超人"肯定不会那么无聊、鬼鬼祟祟和满腔钻营之心。

对了，您不是也很喜欢看各种功夫片吗？国内国外的，看得不亦乐乎，感觉异曲同工，彼此彼此。

南帆： 也许我必须承认，我爱看的那些武侠的确也是一种半神话的作品。电视里时常转播真正的散打比赛。真正的散打远为"丑陋"，粗野地扭成一团，根本不存在武侠电影那种身手矫健同时又严丝合缝的精彩打斗。尽管如此，武侠电影对我的吸引力还是超过了散打比赛。让我反省一下，我愿意抛弃成见，承认奇幻具有的美学意义。奇幻让我们看到超常，产生一种突破庸常生活的豪迈。但是，所谓的奇幻肯定存在某种限度，超过这个限度的奇幻将完全适得其反。为了渲染那些不凡的武功，一些武侠片运用特技让那些大侠如同火箭一般飞在空中，一掌下去开山裂石，这些镜头让我厌烦透顶。

我记起了一个令人尴尬的例子。有一年我给传播系的研究生讲课时提到了周星驰主演的电影《功夫》。我在课堂上说，《功夫》上半部分的那一场武打还算有真实气氛，那几个演员使出了一手地道的南拳；相形之下，下半场周星驰飞到半空，凌空一掌拍下的场面几乎是瞎闹。可是，课堂上的研究生表示，他们反复地看《功夫》，就是等着凌空一掌这个场面呢。这个例子终于让我明白，两代人达成美学的共识是多么困难。

夏无双：我没有看过周星驰的电影啊……没法评论……

南帆：这个有点儿奇怪，感觉你生活中喜欢搞笑，笑点特别低，整天嘻嘻哈哈的，对搞笑的综艺节目也非常有兴趣，可为什么被你们这代人推崇为一代搞笑大王的周星驰电影你却排斥？

夏无双：并不是排斥，他的电影前些年上映时，好像我正读中学。当时学业重，就没进电影院，后来就滑过去了。也许真看了也会喜欢，只是失之交臂而已。

南帆：当然，我们也曾经被那些神魔作品所吸引，像《西游记》，那个七十二变的孙悟空让我们心满意足。传统的解释更多地认为，这些神魔作品的现实气息更为重要，例如孙悟空大闹天宫表现出的叛逆精神，更为合格的例子是猪八戒，这个好吃懒做、又狡猾又憨厚的家伙几乎立即可以在身边找到。然而，现在看来，这种解释会不会忽略了事情的另一面：如果孙悟空没有七十二变，如果孙悟空与哪吒、白骨精之间不是包含那么多变幻无常的斗法，这部作品还有那么多的魅力吗？

夏无双：其实比起《西游记》，初中时期我看过电视剧《西游记后传》，我觉得它更有意思。这个剧我小时候来回看过三四遍，它是接着《西游记》的结局向下演绎，重新展开故事的：唐僧师徒取到了真经之后，都被封了佛，孙悟空回到了花果山，其他人留在了西天，忽然有一天佛祖对大家说他预感到有一个大危机，三十三年之后他会回来救大家，然后就消失了。这时候反派大 boss 无天出现了，把西天和九重天的神佛们都关进了冥府，只有花果山上的孙悟空逃过一劫，于是孙悟空就成了孤胆英雄，开始忙得不可开交地营救各路神仙，找到佛祖转世的路程。这个片子最讽刺的地方在于，佛祖的转世灵童除了当圣母之外什么都不会，全程和两个妹子谈恋爱，悟空任劳任怨、费尽九牛二虎之力击退各路追兵妖怪，而全剧除了他取经团的小伙伴之外，最欣赏悟空的人居然是反派大 boss 无天，这个 boss 宛如孙悟空全球后援会会长，一直在拍悟空马屁，想着如何拉拢悟空而不是除掉他。脑洞是不是开得很大？各种错位让剧情充满张力，反正挺合我胃口的，有空您也不妨找来看看。我觉得《西游记》的魅力更多在于取经团四人组的人格魅力，孙悟空与各种妖怪的斗法只不过是锦上添花的效果。而《西游记后传》则更突出表现的是孙大圣这位猴哥哥。

南帆： 说实话，我感觉不到这种胡编的故事有什么动人之处。拉美著名的"魔幻现实主义"也是一种幻想类型作品，以往几乎没有遇到这种幻想的展开方式。例如，我可以举出博尔赫斯的两个短篇小说作为例子。一个短篇小说的标题是《秘密的奇迹》：一个犹太作家即将被德国党卫军枪决，他死前的最大遗憾是没有完成一部构思已久的戏剧作品。德国党卫军行刑队举枪向他瞄准之际,时间突然凝固,上帝赐予犹太作家一年的时间完成未竟的剧本。当他找到最后一个形容词的时候,枪声响了,行刑队的子弹准确地击中了他。当然,外部世界仅仅过了两分钟。对于行刑队来说,时间并没有凝固。博尔赫斯的另一个短篇小说题为《莎士比亚的记忆》:两个莎士比亚研究专家在一次学术会议上成为挚友。分手之后,一个专家将莎士比亚年轻时的记忆作为礼物赠给另一个专家——当然,这种记忆并非文本,而是一种意识的秘密传递。一段时间之后,接受记忆的专家觉得莎士比亚的记忆过于强大,以至于干扰了他的正常思维。于是,他以相同的方式将这一份记忆转赠他人。阅读之中,这种幻想让我产生了奇异的感觉:似乎时间、记忆、意识这些现实中习以为常的组成部分随时可以拆卸下来,成为虚幻。但是,至少对于我,这种幻想背后不存在文化渊源,这犹如一种就地产生的幻想。中国古代的神魔作品就不同了,那是幻想与历史的纠缠。

夏无双:这个也很有趣啊!我觉得吧,"魔幻现实主义"的核心在于现实，背景是很现实的社会、时代，人物甚至像是你邻居的样子。而我们现在说的"魔幻"作品的核心在于魔法，它的背景、时代可以是现实的，也可以是架空世界或者平行世界，人物更是千奇百怪，最好跟普通人完全不一样，距离拉得越远效果就越好。

南帆： 幻想类型作品貌似无拘无束，事实上，这些幻想类型背后存在隐蔽的支持系统。例如，《西游记》的支持系统是中国古代神话，其中许多菩萨曾经出现在其他作品中，《封神演义》也是如此。众多的神话人物为人们的幻想铺设了一条想象的通道，尽管许多人可能未曾意识到。古代典籍中的《山海经》《搜神记》等存有大量的神魔鬼怪的记载，许多记载成为幻想类型作品的素材。以前曾经读到李汝珍的《镜花缘》，君子国、无常国、女儿国等各种想象十分有趣。我还记得其中有一个国家的人眼睛长在巴掌上，要观察自己的后脑勺伸一伸手就可以了。蒲松龄的《聊斋志异》也是一本著名的幻想作品，荒郊野岭，坟茔废墟，花妖狐魅，男欢女爱。中国古代这些幻想类型作品打开了一个特殊的美学空间，让人沉迷和惊叹。可是,为什么我对于现今的幻想类型作品无动于衷呢?例如,我对于赢得了广泛称赞的《阿凡达》就没有多少好感。特技和精良的制作掩盖了一个平庸的故事,一场电影看下来,除了感观刺激外,并没有其他的精神收获。

中国古代的幻想类型作品均停留在农业文明的背景中。神话、鬼魂、菩萨都是农业文明的伴随物。那个时候植物茂盛,地广人稀,鬼魂徘徊在森林、沼泽地和坟墓之间,偶尔到村子里逛一逛。那个时代就是神魔鬼怪的时代。然而,工业与现代社会到来了,现代社会的一个重要特征就是"祛魅"。在现代物理、化学、生物学或者数学面前,各种幻想不攻自破。然而,这时科幻作品冲杀出来,试图以科学的名义重新制造神话,只不过把演绎神话的场所放到了广袤的宇宙空间。可是,我看到电影中的宇宙飞船一边急促地发射火箭炮,一面飞入巨大机器安装的空间站,心里就觉得不舒服,仿佛那些机械的风格不可能形成神话。

当然,如你所介绍的那样,《指环王》和《哈利·波特》的奇幻来自魔法和魔物,可是,我感到不适的是,它们竟然进入了现代与未来。至少现在,我还不愿意在机器、计算机和科学论文的缝隙发现魔法与魔物。

夏无双：我觉得您不喜欢那些幻想作品的原因是您知道那些都是假的、骗人的、迷信的东西，您反正就是不信。而我会喜欢那些是因为，我虽然也知道那些是假的，但是我相信在某个平行宇宙中这是可能存在的事情。比如《奥特曼》系列，我从小就很喜欢看奥特曼，从我们电视上第一个播的《杰克奥特曼》到最近的《捷德奥特曼》，我基本上都有看。您可能会说，年纪都这么大了，还看什么奥特曼啊，幼稚，不就是打怪兽吗。可是，在奥特曼的历史里，奥特曼是因为他们星球所在"太阳系"的"太阳"忽然爆炸，而他们受到了辐射，有一部分人进化成了奥特曼，没进化成功的都死了。这就跟我们这个时空的太阳系是一样的，太阳在五十亿年以后就要毁灭，形成红巨星，再慢慢冷却成白矮星，那个时候地球上会不会有人另说，如果有人类，是不是有可能进化成什么别的物种。那么我们是不是可以把《奥特曼》中他们居住的 M78 星云看成是平行宇宙的地球？他们的科技那么发达之后确实可以穿越平行宇宙，虽然能靠着自我意志穿越平行宇宙的奥特曼除了神秘四奥之外也只有赛罗，他们穿越平行宇宙来到了地球，而地球所处的时间节点跟他们是不对等的，于是就出现了电视剧拍摄的奥特曼打小怪兽的情节。而怪兽也是有可能存在的啊，目前可见的宇宙半径约为四百六十亿光年，在这么大的范围里面我一直坚信不可能没有其他生物存在的。对，他们存在，并且随时可能光临地球。虽然不一定我这辈子能看见，但下一代呢？再下下下一代呢？总之是迟早的事。这么一幻想，我就特别希望能长命五百岁哈。

南帆：你说得很有煽动性，我也都快相信明天外星人就要降临了。但外星人来临地球难道不面临着更多不可预测的巨大危险？其实我也能够接受某些科幻作品，《黑客帝国》《盗梦空间》就很不错。不过，我似乎没有耐心弄清情节的每一步，却能接受大致的气氛和基本主题，《机械姬》的主题同样令人深思。我想，接受这些科幻的原因还是因为与现实存在联系。很久以前曾经看过一部美国科幻电影《未来世界》，电影的全部内容已经遗忘，大约是一个男人不慎误入未来世界，受尽磨难之类的，情节很模糊了，但最后一个场面却记得非常清晰：那个帅气的男主人公九死一生终于逃出未来世界回到人间时，猛地回过头来向追杀他的外星人竖起了中指。这个场面之所以令人难忘，因为一个中指让人世间的现实气息瞬间弥漫开来，从而将外星人冰冷的世界挡在后面。多么伟大的中指，我们顿时松一口气，太好了，回来了。

我所能接受的科幻作品必定包含着浓郁的人情味，简单地说也就是要接地气。那些长相古怪的外星人必须与人类一样有情有义有爱，或者善于嫉妒、报复、仇杀、抢夺，他们的故事才会吸引观众。《变形金刚》中，人世的恩怨与外星人的恩怨交织在一起。如果仅仅是另外两个星系的外星人为了一个人类无法理解的原因，以人类无法想象的形式相互交往或者相互打架，这种作品肯定无法在我们的电影院赢得口碑——没有人愿意掺和他们的事情。

夏无双：你说的那个电影我没有印象了，应该是没有看过吧。我个人是比较喜欢自成历史和世界的科幻、魔幻作品。因为我认为当一个科幻、魔幻作品有一个非常完整的世界和历史的时候，作者才会思考整个世界的科学性，这个世界是怎么诞生的，又是怎么形成，由什么形成，会导致物种如何的不同，而不是像现在大多数的科幻、魔幻电影一样，给一个非人类角色，随便加一个尖耳朵或者尾巴而已。我特别希望这些业内工作人员去看一下美国的一个综艺节目《特效化妆师对决》，他们每一季都会设计一期新的星球，告诉你他的环境生态，再设计一个那个星球上的生物，总之每一季都非常精彩。

南帆： 我想问一下，你们孩童时看的那些动漫作品对于这种美学趣味存在影响吗？严格地说，《猫和老鼠》或者《狮子王》也是典型的幻想类型作品。但是，我不清楚动漫作品与科幻之间如何过渡，是前者带有强烈的童趣，后者始终具有惊悚的意味吗？

夏无双： 我不知道有没有影响啊，其实我小时候看的科幻、魔幻作品并不多，那时国内这类作品无论电影电视还是图书都不多，即使有，因为年纪小，也看不太懂，直到上了高中和大学之后，这类作品看得才多起来。我小时候最多看看什么美少女穿越这种，对我来说已经算是很极限了。在日本的漫画游戏里，这类作品的比重是非常大的，特别是科幻类型，比较有名的动漫有《阿基拉》《统梦》《攻壳机动队》《高达》，而游戏更不用说了，不来点科幻、魔幻、玄幻元素，根本卖不出去。三大主机厂商的招牌游戏，任天堂——《口袋妖怪》科幻，《塞尔达》魔幻，《马里奥》魔幻，索尼——《战神》玄幻，《神秘海域》魔幻，《瑞奇与叮当》科幻，微软——《光环》科幻、《我的世界》魔幻，但是近几年的游戏开始掀起基于现实的末世题材和赛博朋克，因为计算机技术的飞速发展，能让游戏画面看起来更真实。

南帆： 我本来想说，对于"幻"的态度表明了我们这一代与年青一代的美学鸿沟。我们老了，似乎没有力气上天入地，甚至也没有力气打开想象的翅膀了。让年轻人在放飞幻想之中开心吧，我们不得不务实一些。年轻人的生命还是瑰丽的诗歌，我们已经是平实的传记。然而，与你的这场对话之后，我又觉得，这种感叹并不准确。更为重要的原因是，现实对于我们这一代远为沉重，我们不得不伏下身子，详细观察世俗世界的各种人情世故，不仅为了文学艺术，同时还是一种不可或缺的生活策略。现实存在许多坚硬的棱角，稍不小心就要挂彩。相对地说，你们这一代没有那么多内心的羁绊，你们的情绪很容易扶摇直上，甚至轻松地抛下就业、房贷、婚姻这些现实的烦恼，而抵达另一个完全不需要负责任的虚拟世界。于是一个现实生活中的懦夫、失败者，转身成为虚假的英雄，一夫当关，山呼海啸。这究竟是逃避、自我麻醉，还是打开了另一个超凡入圣的自我？如果展开来谈，这也许还有更为深层的问题值得思考。

时尚对话

主持人语：时不我待，尚在路上

是在成年之后才知道"时尚"一词的存在，在这之前的漫长年少时光里，衣与食尚且拮据，所有的向往之心都枯寂单调地萎靡着，想象力找不到起飞的土壤，哪里知晓在吃饱喝足之外，还有另一种可以令自己容颜为之一亮的活法？

前些年各种印制精美的时尚类杂志曾占据报刊亭最明媚的位置，封面上总是布满美得已缺一万年烟火气的年轻女郎，她们鲜唇艳目、美衣酷帽，却奇怪地一致彻底收拢笑意，手叉腰，肩略抬，眼斜视，深深表达着一股你奈我何的高冷气。从它们前面走过，偶尔一瞥，会瞥到情场失意者汹涌绵长的幽怨与冷酷。顺手买几本，把又厚又重的它们托在手里，克数超高的铜版纸徐徐闪出一层应有的油光，低下头的一个刹那间，却冷不防会在女郎的绚丽的五官间，看到自己日益枯燥泛黄的老脸。巴黎时装周上灯火妖艳，意大利发布会上男女模特绷直双腿，棍子般走动。视线花花绿绿地游动之时，脑子正竭力回味刚咽下去的那只韭菜饺子，如果不蘸醋，是不是更爽口。

这类杂志传递的是与外星球一样渺茫的消息,同一个时空中,不知道究竟我还是他们必须归属假人之列。随手翻,随手扔,扔后咧咧嘴,脸上漾起一股晦暗,那是对自己勇于受骗上当的无限懊恼。只是下次再经过报刊亭时,很简单,总是又掏钱,又买了一本。这种购买与阅读惯性,是类似看电影,借机在别人的故事里模拟人生吗?后来想或许也不一定,更多的可能是我内心耸动,试图通过纵览,走通捷径。天下宝贝风起云涌,反正不求登上台引领风潮,但至少要坐到前排吃上一口瓜。

估计这可以囊括我对时尚的全部态度了:没有企图,但贼心不死。

几年前曾买过一件荧光绿的羽绒服,每次穿上都有一种化身移动小白菜的窃喜之情。这是国外一个客户专业定位为户外登山者的牌子,整件衣服从领口到袖子都塞着厚厚的羽绒芯,它们在一条横平竖直连出的方块外报复性膨起,仿佛一块块坚实的肌肉,小白菜的体量因此可想而知,整个人应该扩大了至少三圈半。那个冬天我以虚胖之躯穿过凛冽寒风时,根本不会料到有一天,这个相当晃眼的惊午色彩会在2019年成为时尚。而今年夏天买防晒袖套时，撇开粉、灰、蓝，我选择了荧光绿，两臂在阳光下顿时显出古里古怪的青春，一左一右前后摆动时，它们威武得像两根正认真执行任务的交通指挥棒。

我心里一下子就生出几许踏实感。毫无规律嗖嗖变换的时尚之风中，至少此刻，没有被错过没有被漏掉。至于未来，一个世纪又一个世纪的时间河流中，什么将流行，什么将消失？这个一眺望，就沮丧顿起。人生太短，时不我待。只好以健康的方式尽力爱自己，且把它当成最实实在在的时尚。

南帆： 据说今年荧光绿成为时尚。荧光绿的服装、鞋子纷纷面世。我印象中这种有些刺眼的绿色，既不端庄也不高雅，在很长一段时间里，它仅仅是交通警察和环卫工人服装上的醒目标示。交通警察与清洁工时常站在街头，荧光绿比较易于吸引司机的目光，有助于避免车祸。可是突然之间这种色彩居然流行起来，众多大牌明星纷纷穿上荧光绿的服饰，并且这股潮流还迅速蔓延到大众之中。很难说这个时尚仅仅由于"美"。之前荧光绿出现于人们的视野已经很长时间，多数人视而不见。如果这是一个审美对象，人们早该发现了。

事实上，许多时尚的流行都原因不明。如我这种迟钝的人，常常在时尚面前产生一种文盲的感觉——既不知道为什么流行，也不知道什么时候开始流行。正是因此，我想到了有关时尚的一些问题，想与你做个交流。

夏无双：其实荧光色前两年已经开始小范围流行，但大部分用于小范围撞色设计。我觉得今年荧光色在国内大量流行开来，有一部分的原因是这两年嘻哈类的音乐综艺节目开始爆款，而荧光色在嘻哈文化里面似乎很有市场，他们喜欢用深色＋荧光色来做对比，还有就是街头文化里面涂鸦墙会大量使用荧光色，这种色彩非常抢眼，并且带着一种年轻和叛逆的气质。这两年这些文化逐渐被主流文化审美接受，让荧光色忽然大流行起来，我是这么认为的。不过您居然会关注流行时尚话题让我很意外啊！

南帆：我曾经试图界定，哪些方面可能形成时尚。这个问题很快把我难住了。衣食住行，日常生活的各个方面似乎都可能产生时尚。服饰鞋帽就不用说了，这些领域的时尚一波紧接一波。认真想一想，生活的其他方面还存在许多明显或隐蔽的时尚。吃什么水果可能形成时尚，到哪儿旅游可能形成时尚，孩子上哪一类型补习班可能形成时尚，购买哪一种狗粮也可能形成时尚，穿什么品牌的内衣可能形成时尚，学习哪一种乐器可能成为时尚，打哪一种游戏可能成为时尚，研究哪一个国家的哲学家也可能形成时尚。开哪一种汽车、用什么品牌的手机当然是时尚，崇拜哪一类明星更是时尚。好了，我不得不从反面思考问题——哪些方面不可能形成时尚？

我的初步想法是，那些缺乏比较意义、不存在等级标识、无法攀比同时也难以模仿的方面大约不易产生时尚。例如，穿几码的鞋很难形成时尚，这个方面无法相互模仿。一个城市夏天和冬天的气温也无法成为时尚，这也是无法攀比的，相互比较说明不了什么高低等级。

夏无双：我应该从来没有想过什么可以成为时尚、什么不可能成为时尚，我对时尚是个比较迟钝的人。感觉现在什么事情都要时尚，才能出圈才能红，大部分人都在想什么才是时尚，才有流量，这也是逼出来的吧？只因为在人群中多看了你一眼，这一眼多难啊。荧光绿似乎是最能吸引眼球的色彩，否则怎么会被警察和清洁工人使用？

南帆：有些时尚的传播范围有限，可能受到各种限制。某些地域，吃辣椒是一种时尚，吃得越辣越有名气，但是，对于吃不了辣的人来说，再羡慕也无法加入这个队伍；另一些小范围的时尚必须依赖相关的专业知识，譬如，如果没有相关的植物学知识，就不知道种哪些品种的兰花是时尚。有一些专业知识本身就是时尚的组成部分，例如葡萄酒知识，有的人只需品尝一口，就可以知道这酒的产地、年份，以及当年这款葡萄酒的产量，如此等等。这种知识与历史学知识或者生物学知识不同，它本身就是奢侈生活的象征。

夏无双：现在这个信息时代，某种时尚一旦形成，传播范围一般都会炸裂。很多您说的有限制的时尚范围，在现在这个网络时代基本不存在，比如不能吃辣的人可以看很多视频 UP 主或者网红拍的关于那段期间正当红的辣食物，是怎么被他们山呼海啸吞下去的。我虽然吃不了，但是我可以看啊，看多了不就了解一些了吗？比如我吃辣的就很菜，只有微辣水平，吃不起但能看呀，比如之前的网红款火鸡面，我自己吃简直快辣傻了，但我看别人吃什么放五包十包酱料的爆辣火鸡面就很high。之前吃播还流行过一种洋葱蘸辣椒面和辣椒油生吃，还有什么爆辣金针菇啊，柠檬削皮泡辣椒油直接吃那种、贼恐怖，但看的人很多——看吃的人是不是真吞得下去、看吃后会不会被辣哭，都跟追剧似的。这时候看是不是也成为一种时尚了？

南帆：如果我们的讨论向理论方面拐个弯，那么，我大约可以抛出一个结论：时尚是一种文化现象，而不是自然现象。台风或者厄尔尼诺不是时尚，但是，一种流行的时装或者发型是时尚——例如，近来的许多男孩子总是把两侧的头发理光，头顶上留下一撮长长的头发，如同一块瓦片盖在头上。

你肯定听出来了，我对于这种时尚的发型带有少许嘲讽。我从不嘲讽台风和厄尔尼诺，我的态度对于自然没有意义。为什么天上只有一个太阳？没有人为之窃喜，或者愤怒得吐血？因为自然是不可追问的。但是，文化现象是人为的，因此可以评价，可以褒贬——一种有创意的文化，高尚的文化，美的文化，或者丑陋的文化，卑鄙的文化，令人厌恶的文化，如此等等。

夏无双： 哈哈哈……我也很不喜欢那种发型，外国人的脸形窄小、五官立体，那种发型还行，亚洲人的五官脸形用那种发型一不小心就油腻起来了。我想如果头顶稍微留一点儿头发，然后梳一个背头，应该还凑合，好歹算有点儿文艺范儿。可是现在多奇怪啊，您是没见过还有头顶留了非常长的头发，把头顶得特别高，跟鸡冠似的。所以根据头顶发量高低，被吐槽为"头顶上盖厕所"和"头顶上盖别墅"，简直笑喷了。很奇怪男孩子一在头发上下太大功夫，就让人不能忍。20世纪三四十年代流行的"飞机头"，是不是也让人不能忍？即使美国歌星猫王，他的声音那么好，年轻时那个发型现在看来还是好好笑。

南帆： 文化与自然之间常常界限不清，有时一步就跨过去了。身材矮小或者腿长得短，这本是一种自然现象，但是，这种自然现象普遍获得了贬义的文化评价。这种状况往往具有曲折而漫长的历史原因，身材高大的男性曾经与力量感联系起来，这种力量感与食物保证、生存安全息息相关，这一切积累成对于身材高大的肯定，特别是对于男性。当然，某些文化评价会由于时过境迁而发生改变。我曾经写过一篇小文章《单眼皮》，控诉这个世界对于单眼皮小眼睛的轻蔑，但是，这种文化评价或许会在未来的某一天发生改变，那时的人们也许觉得，单眼皮无限珍贵，像你这种大眼睛只能可怜兮兮地龟缩在墙角，也许。

夏无双： 哼哼哼，您这就是嫉妒我眼睛比您大。

南帆： 时尚可以为人们制造团体感，归属感。时尚是特立独行的反面，时尚迁就一个文化共同体，我们身处其中，感到了强大。游离于时尚之外，你out了，一个人仿佛流离失所，孤独无依。但是，另一方面，恰恰由于融入某一个文化共同体，这又会产生泯然众人之感，个人的存在感消失了，这又会产生另一种失落感。理想的状态大约是引领时尚，什么人能够成为时尚的领袖？这当然需要许多条件，有时甚至有意栽花花不开，无心插柳柳成荫。

一些对于时尚无所谓的人，内心相对强大，他们不依赖这种外在的团体感建立自我的信心。

夏无双：现在的时尚风格确实变得非常快，有的时候根本不知道为什么会流行，很迷反正，我也不懂啊。比如今年就非常流行染各种绿色的头发，从闷青色到草绿色都有，可能跟您说的荧光绿衣服很搭吧？可是亚洲人的黄皮肤跟这绿色天然有冲突，头上一绿，身上的衣服再一绿，完蛋了，一张脸完全被淹没不说，脸色还更菜了。这就是典型的乱时尚，或者说为流行而流行，瞎搞。

南帆：可以分析时尚形成的各种原因。无论如何，审美是众多时尚潮流的原因。这些服饰被定位为美的，于是，服装厂和鞋帽厂开动机器，它们的产品潮水般地淹没了市场；这种脸型和眉眼被认定美，于是，整容医院开始大规模推销某种美女整容方案；某些珠宝、某些家具款式或者某些园林设计之所以风行一时，"美"无疑被视为首要原因。

所谓的"美"，很大程度上来自感官的判断，绘画或者雕塑诉诸眼睛，音乐诉诸耳朵。但是，认真地考察可以发现，眼睛或者耳朵之所以认为什么是"美"，什么不是"美"，往往还有一些曲折的、遥远的历史原因。譬如，美学研究证明，某些菱形的图案之所以作为器物的纹饰，很可能这种图案是古代"鱼"的抽象。刀耕火种的年代，"鱼"代表了美味食物，人类对于这种美味的好感逐渐转化为"美感"。《说文解字》对于"美"字的解释是"甘也，从羊从大"，"羊大则美"，这似乎从造字的考证表明，"美感"是从吃羊肉中体悟出来的。美学是一门深奥的学科，这里不再详细讨论。我想指出的是，许多"美"的感受存在某种秘密的历史原因，时尚对于"美"的感觉更是如此。例如，你们有许多二次元的偶像，之所以觉得这些二次元偶像特别"美"，是因为这些偶像陪伴你们度过了功课繁忙的，但是时常感到孤独和苦闷的少年时代。我对于你们的二次元偶像没有多少好感——我的少年时代也有自己的二次元偶像，当时流行八个样板戏，到处都是杨子荣、李玉和、李铁梅的宣传画，我并未锁定他们之中的某一个人作为偶像，但是，我的面容审美之中，浓眉大眼是一个基本条件。至少在当时，浓眉大眼是正面人物的标配，小眼睛和淡眉毛常常是坏人的形象。现在女孩子化妆的时候，常常画两根细细的眉毛，抹上口红，涂红腮帮，当时这种形象往往分配给女特务。尽管早已时过境迁，但是，这种审美的遗迹会顽强地留在记忆的深处。我想说的是，许多时尚的流行是有原因的，可是，这种原因迅速淹没，通常很难找到。

夏无双：细眉毛早过时了。您说得没错，现在的审美趋势越来越奇葩了，特别是大部分网红的整容非常整齐，没有考虑自身原本的五官比例和头型，都把自己搞成一字眉，迷之超大眼睛，突破天际的额头和鼻梁以及尖得可以戳死人的长下巴。其实她们没有明白整容的原本目的是把不够完美或者有缺陷的五官调整一下，而不是让她们换头，不仅换头还是流水线换头，就很离谱。我经常看那些扒网红的微博号，感觉在做"消消乐"，认不出来谁是谁……听说现在中国美院就开设了医美专业，专门帮人设计有针对性的整容方案。唉，很可惜，当年要是有这种专业，我就去报考了。医美现在真的超级赚钱，主要是也很有意思，等于在一张脸上创作，"作品"出来后，有改天换地的变化，看着也有成就感。

南帆： 当然，所谓的"美"之外还有另一些时尚的源头。某些时候，上流社会或者社会名流的爱好、品位会通过某种神秘的渠道扩展到大众之中，形成时尚。这些爱好和品位不一定是奢侈的做派和豪华阵容，而是特殊的形象、款式、风格。事实上，有些形象、款式、风格就是由大众创造的，它们为上流社会或者社会名流所接纳，继而又转回大众。例如，牛仔裤与猎装，上流社会的家伙穿上带有许多口袋的猎装出门打猎，这间接地表明他们不必如同公务员那样每天上班，朝九晚五，辛苦不已，他们拥有悠闲的生活，这类似于晒黑的皮肤表示曾经到海滨度假一样。

夏无双： 是这样的，但是小麦肌是欧美的潮流，因为他们本身就很白，要晒黑得多去晒太阳，而度假要很多钱，他们都是月光族，所以能去晒黑的都是有钱人。但咱们亚洲的潮流是白皮，唉，就感觉文化不一样，流行的东西都不太一样。日本是医美很盛行的地方，那里吃美白丸和打美白针据说都是女孩们的最爱。

南帆： 另一些时尚与某一个时段曾经流行的文化形式有关，譬如卡拉OK。你们现在时常到歌厅K歌，这是一种大家都能接受的娱乐方式。我上回似乎说过，一些研究认为，卡拉OK是亚洲人喜欢的小空间活动，日本人擅长发明这种玩意儿。你们可能没有考虑什么小空间，图个方便，大家有个聚会的场所？这种娱乐形式兴起于你们刚刚懂事的时候，你们就耳濡目染地保留下来了。

夏无双： 嗯，我不记得小时候是否被大人带去过卡拉OK厅，一点印象都没有。记忆中是在上大学后，才跟同学去过几次。有个很有趣的现象，北京的KTV现在比我读大学时候少了很多，基本上已经绝迹，而福州这边各种风格的KTV还蛮多的，不仅多，大部分还很便宜，买套餐，一个下午五六个小时也才三十块，大部分的KTV生意还挺好的，特别是节假日，要提前预约，不然都没有包间。应该是帝都人民平时要忙的事情很多，而现在大学生的课余生活除了KTV还有很多其他娱乐项目，导致了北京的KTV生意惨淡。

时尚对话

· 离别 ·

· 刺客 ·

南帆: 一代人有一代人的时尚。我们年轻时的时尚,乒乓球和篮球是仅有的体育项目,所以,我的同代人中,乒乓高手非常多。然而,到了你们这一代,网球已经成为时尚,穿上网球服奔跑在网球场,似乎比站在乒乓桌前有面子得多。中国乒乓球的成绩再好也不足以扭转这一点,这种时尚具有国际背景。足球的情况更为典型,中国的足球水平实在差,但是,所有的人都以熟悉足球为时尚,球场上没有足够的战绩,那就进行口头弥补。许多人以能够说出多少足球明星的知识作为炫耀的资本。当然,高尔夫球是一种更高级别的时尚,尽管打过的人更少。这种体育活动同时代表了富裕、奢侈的生活方式。带上球具全世界飞来飞去,一身白服装站在茵茵草地上,这种体育方式不是多数人能够问津的。

夏无双: 我这一代好像什么体育项目都很流行啊,就感觉没有什么不流行的体育,大家都很喜欢锻炼,主要是都对自己的外貌很在意,男人有肌肉、女人有气质已经成为共识,所以健身房到处都是,减肥餐的生意也大行其道。有些胖子为了甩肉真是好惨,但为了美,只好豁出去了。我觉得肌肉这个时尚最正能量了，没有每天持续地练，胸肌、腹肌、肱二头肌鬼都没有，所以练身体的同时，还练着恒心和毅力。

我去健身房也就是近一两年的事，由于小时候对什么体育项目都没兴趣，体能素质非常烂，现在锻炼起来就是各种憨憨的动作，菜得老师都有点儿不忍直视了，哈哈哈……不过坚持下来，自己也觉得挺有收益的。整天坐电脑前，不练一练，肩颈真会完蛋的。

您乒乓球很厉害啊，有什么小时候有趣的锻炼事情跟我分享一下呗。

南帆：有一些时尚来源不明，如同天启，但是极有煽动力。不知道谁说，今年的服装流行大翻领，或者，今年流行紫色，于是，时尚如火如荼地展开。所有的时尚分子都莫名其妙地接受这个指令。也许，时装之都巴黎有那么一两个设计大师发出号召，可是，没有人知道为什么流行大翻领和紫色，他们也从来不必论证，一种文化潮流就这么原因不明地开启了。

夏无双：这个貌似是时装周公布的，每年都有，公布流行色或者流行款式的，好像都是那些大牌的设计师每年做个分析,然后预测下一年会流行的趋势,据此做出的设计。我觉得有的流行色是大部分人穿的颜色,比如我记得前几年曾预测过将流行橘子色搭绿色,但是街上却没见过人这么穿。这两种颜色太怯了,没几个人驾驭得了吧?所以流行色并不见得都能大行其道,主要还是看人。感觉大部分爆款或者网红款,都是很基础的款式和颜色,没有什么特别跳脱的流行色。有些色彩毕竟太冷门了,市场打不开。

南帆: 有一些时尚实在令人困惑,譬如,前一段曾经流行"奶奶灰"。有一天我在一家餐厅吃饭,发现邻桌的一个背对着我的顾客满头灰白的头发,根据经验,这肯定是一个老者,一会儿这个人抬起头来,我惊讶地发现是一张光滑、年轻的脸庞。那是我第一次知道"奶奶灰"这个概念,年轻人有意将头发染成"奶奶"常有的灰色。这种颜色的头发为什么会成为时尚?至今仍然不得而知。当然还有更奇怪的事情发生,据说网络上直播一个女孩子吃饭,观众居然数以万计,以至于这种节目也能制造网红,主人公也能收入大把的银子。这有什么可看的?这种怪事也能成为时尚,不知道哪儿出了毛病。你是这种网红的拥是吗?

夏无双: 哈我不是,但是现在大网红真的非常赚钱。我前两天看到一个图,上面是一个大网红直播,卖各种化妆品、食物、日用品,等等,一个晚上成交额六千五百万,简直目瞪口呆。现在网红都有自己的网店,不论是卖衣服还是美妆产品都很赚钱,特别是那种大网红,流水单非常惊人。现在开直播的除了网红还有一些明星,特别是一些曾经有一定知名度但是已经过气的明星,基本都在开直播卖各种东西,从零食到日用品都有,非常神奇。而且现在的网红不仅长得好看的会红,长得特别丑的或者特别奇葩的主播,也都有可能变成网红。您说的那些吃播,有那种一个人吃十人份的大胃王直播,也有吃特别奇怪的东西的直播,比如上面我们谈过的吃辣,为了流量那些人也是拼了,居然生吃生姜、洋葱、柠檬或者加一整包辣椒面、一整瓶辣椒酱之类的,非常吓人。还有干吃一整瓶豆腐乳的人,看着我都快咸死了。做这种直播的主播,其实对身体伤害特别大,我看爆料说其实很多所谓的大胃王都是靠催吐来保持身材,就是对着镜头先吃下,然后再吐掉。

催吐会导致很多不好的后果,最明显的就是声音沙哑和嗓子浮肿,因为胃酸会把你的嗓子一点点地腐蚀,真的很不容易。还有一些主播为了点赞和播放量,竟吃起腐烂的食物,上面甚至有各种各样的虫子什么的,简直难以置信。我看网上有医生说,他们那些二三线城市的医院经常会有这些吃播的主播,因为吃了奇怪的东西送去医院洗胃,这是用命来赚流量。对你们上一代人来说,这是不是很不可思议啊?

南帆: 时尚的发布与传播形式也是很有意思的事情。大多数情况下,没有人追究为什么必须是荧光绿或者大翻领,没有人听到令人信服的论证,可是,剧场效应立即发生了,一夜之间,大街上全是荧光绿和大翻领。

时尚是如何传播的?传播的方式似乎是一个谜。大家肯定不是从某一个权威机构听到消息,大约是道听途说。可是,道听途说居然具有这么大的动员力量,真是令人惊讶。

有一种传播方式值得一提——电影或者电视。其中某一个著名角色的服装可能出其不意地风靡起来,例如《来自星星的你》中那个都教授的服装,女主角就更多了,我记得哈利·波特的服装如何在你们这一代中刮起一场狂风。一个古老的文学例子是歌德的《少年维特之烦恼》,少年维特爱上了女主人公绿蒂,可是绿蒂已经与别人订婚,失恋的维特悲伤不已,最终自杀。这本著作产生了极大的反响,许多年轻人以维特自居。当然,只有少数人模仿维特自杀,许多人更愿意模仿维特的服装:蓝色的燕尾服和黄背心。

相对于电影或者电视中的角色,那些著名演员的日常服装具有更大的号召力。许多服装店都有意无意地宣传说,某某明星曾经在这里订购衣服。这种半是谣言、半是广告的消息会以最快的速度传播开来,从而催生一种时尚。

我想问一问,你是从什么地方获得时尚消息的?有人正式通知你,还是自己领悟到的?

夏无双:哈哈哈……这个问题你应该问一问北老师,她对这方面关注得特别多,我知道这些消息一半是通过北老师,她不时会告诉我,哇,最近什么什么东西很火,可能作家对一些变化比较敏感吧。另一半是通过各种微信公众号知道的,扒谁谁谁带什么货、谁谁谁又带什么货之类的。很多女明星带货很厉害，大部分是机场被拍的照片或者路上被拍到的照片，她们的穿搭一下子就亮了，好看的款式淘宝就会有各种同款迅速开始卖，然后变成爆款。之前有一部分女明星以自己能带货变成淘宝爆款为目标，还会发通稿说自己带什么货之类的。现在的流行趋势大部分都是通过网络媒体以及社交媒体传播的，明星、网红和各种公众号、营销号，成为很多人获得最新的流行趋势信息的方式。

南帆： 公众人物对于时尚传播具有很大的意义。其实，仅仅是一部分公众人物，演员、明星特别时髦。我在另一个地方说过，不仅因为他们形象好，颜值高，重要的是他们不断地使用自己的形象进行工作。少量经常出头露面的官员或许也有这种效应，例如一个国家的外交发言人。当然，由于职业要求，大部分官员的服饰比较严谨，即使颜值高也不太容易掀起时尚的热潮。相对地说，哲学家、化学家或者物理学教授对于时尚的传播产生不了多少作用，因为他们不是用形象进行工作。你曾经说过，爱因斯坦的形象广为人知，但是，没看到多少人模仿爱因斯坦的发型。

夏无双：嗯，是这样的，因为明星、网红出镜率高，能带来很多流量，对于时尚的传播、推广有很大帮助，而且关注这些的人群都是时尚的受众人群，广告商也喜欢赞助这些流量主。现在更多的中高端品牌会找流量明星做广告，因为他们的粉丝都非常有购买力，从封面杂志到代言的电子产品、化妆品和生活用品，各家的粉丝还会做数据图来攀比与对家流量的购买力差别，而且现在的流量粉丝会集资买他们偶像上封面的杂志、唱片之类的，集资款项从几十万到几千万不等，购买力非常惊人。而科学家、哲学家这些人不是通过形象来让大众了解的，他们是通过作品和研究成果，很多人知道他们的成果但是并不是很了解这些科学家和哲学家具体长得什么样子，而且关注科学这方面的人群对于时尚的需求度比较低，即使是研究与布料有关的科研人员，他们也不被大众所关注。比起流行款式和颜色，他们可能更关心面料的舒适度、耐磨度以及环保方面的指标，这是由工作性质决定的吧。

南帆：一个很有意思的现象是，为什么乡村很少成为时尚的发源地？因为乡村缺乏足够的文化创造吗？我觉得不是这么简单。首先，乡土文化中包含许多文化创造，无论是乡村的文化习俗还是劳动生产方式，乡村文化具有许多特殊的品种。乡村的建筑中可以看到精美别致的砖雕、石雕、木雕，各地的乡村生活具有各种不同的饮食习惯和人情世故。可是，这些都没有成为时尚。城市生活中，一件莫名其妙的事很可能莫名其妙地成为时尚，例如那首莫名其妙的歌《忐忑》，悠久的乡村习俗只能局限于一个小范围。

在我看来，至少有一个重要的原因，由于乡村人口密度小，形成不了富有影响力的剧场效应。只有少数几个人坚持某种生活方式，这种状况无法带动一种时尚。所以，时尚中隐含一种现象，参加时尚的人既是演员，又是观众，你看我，我看你，我们彼此都很自豪，很高兴，我们共同生活在同一个先进的品位圈子里。人口稀少的乡村，这种传播很快中断，形成不了强劲的模仿潮流。

制造时尚的人肯定需要人气，而不是躲在一个实验室里安安静静地在试管里培育。那些时尚大妈是不肯到深山老林跳广场舞的，那儿缺乏观众，产生不了时尚感。她们要在高铁上跳，要到国外的广场上跳，哪怕遭到挖苦乃至痛骂，也比没有人理睬好。后者是成为时尚的必要条件，尽管未必真正就是时尚。这个意义上，时尚中隐含着表演欲，没有观众的时尚有什么意思啊。当然，现今的传播体系中，观众未必站在面前，网络上隐身的观众更重要。你不知道这种时尚会向哪一个方向发展，一夜爆红的可能激励许多网红从事形形色色的奇怪实验。

夏无双：其实现在乡村时尚也开始崛起，其实也不能说是崛起，应该说是另一种时尚风格。bilibili网站的网友们称为土味时尚，这种时尚风格主要集中于快手的视频和直播里面，这个平台大部分的视频主都是乡村的，拍的视频内容以及场景也是乡村。其中我看过的非常有名的大网红有阿giao、小吉吉、嘟嘟妹这几个。其中小吉吉的视频我还蛮喜欢的，搞笑的套路很能get到我的笑点。你肯定都没看过这些视频，有时间我翻一些出来给你看看，有的还蛮好笑的。他们拍的主题也比较千奇百怪，有搞笑的，有情感的，有非主流跳舞的，有说着说着开始拿水浇头的，后面甚至发展为拿酱油浇头什么的，还有说各种社会语录的，被我们统称为"土味视频"。他们大部分不是拍农村题材就是以农村题材为背景拍农民工进城务工的生活，总之每次看 blibili 的土味视频我都能刷新三观，非常有意思。

南帆： 有些年代，时尚是粗犷的，甚至以野蛮生长的方式流行。20 世纪 60 年代的时候，曾经十分流行军装，洗得发白的军装更好，如果谁穿上一件洗得发白的，同时又有四个口袋的军装，其他人会羡慕得流下口水。不知道为什么吧？四个口袋的军装是军官穿的，士兵的军装只有胸前两个口袋。弄不到军装，军帽也很了不起，戴一顶军帽招摇过市，那些平头老百姓好像就不放在眼里了。由于这种时尚，后来就发展出一种抢夺军帽的风气，一辆自行车从马路上飞快地蹿过，骑在车上的人一把抢过一个路人头上的军帽绝尘而去，被抢的人追不上之后，几乎痛不欲生。这种时尚显然与那个年代的尚武精神密切相关。后来风气变了，上大学读书成为一种共同的追求，某些知识分子的迂呆形象也曾经短暂地成为时尚。据说那些学问高深的知识分子不修边幅，于是，许多人在大学里模仿陈景润只穿一只袜子,神情木然地喃喃自语,仿佛沉溺于玄妙的数学演算或者晦涩的哲学概念。

军装或者不修边幅都是一种整体性的形象设计,现在的时尚已经发掘出许许多多的小空间,螺蛳壳里做道场。男人把时尚收缩到领带上,什么牌子的皮带也很重要。女性当然更为精细,耳垂这么一个小地方,可以悬挂各种不同的耳环进行竞争。还有一个小空间很有意思——女性可以以各种方式涂指甲,据说那个半平方寸的地方可以绘上各种花朵,让人叹为观止。

夏无双:是这样的,但是我应该算是在这个年代比较不修边幅的女孩子吧,比如我基本不做美甲,因为我画画和做些小雕塑之类的有美甲很不方便。还有平时上班我基本都是运动裤、牛仔裤,因为穿起来很方便,而且我最近很喜欢那种直接箍皮筋的牛仔裤,免去了扣扣子和拉拉链的时间,还不用绑皮带。对于我这种因为太瘦,穿牛仔裤不绑皮带腰总是太宽,会不停往下掉,但是绑皮带我又觉得非常难受的奇葩来说,这种牛皮筋牛仔裤简直就是救命的发明,一万个赞！耳环也不怎么戴，虽然我喜欢买，戒指手镯项链什么的也基本不戴。每次画画的时候得把这些东西拿下来，我觉得很麻烦直接就不戴了……咱们家的精致女孩就是北老师了，我只是沉迷敷面膜的猪猪女孩。无论多懒，脸还是要的，哈哈哈……

南帆： 作为一个文化研究者，迄今我无法概括出时尚内部的基本逻辑架构。有一些时尚似乎具有清晰的历史演变轨迹，例如，所谓的"男子汉气质"一度是流行的时尚，身材魁梧、络腮胡子是基本配备，某些地方有一条刀痕更好。现在风气完全颠倒过来了。"暖男"一词的流行象征了风气的转换。那些女里女气的"小鲜肉"堂而皇之地出现在电视屏幕上，据说他们会立刻引起众多女粉丝的尖叫。可以从这些现象后面找到某种历史线索，例如战争环境的远去，经济生活减少了对于强壮体魄的依赖，城市服务空间的形成，如此等等，当然还有独生子女与"妈宝"的大面积诞生。但是，总体而言，各种时尚潮流之间几乎没有什么逻辑和规律，什么潮流出现与什么潮流消失鬼魅一般神秘。我随便想一想，可以想起各种类型的时尚：喝什么品种的茶是一种时尚，诉说孤独是一种时尚，出国旅游是一种时尚，从事慈善捐赠是一种时尚，使用哪一种吸尘器是一种时尚，收养流浪猫是一种时尚，收集香烟壳是一种时尚，追哪一种连续剧是一种时尚，走路锻炼当然也是一种时尚——可是有必要将计步器绑在狗的身上，然后在微信的朋友圈中宣布今天走了十万步吗？这又能证明什么？我无法得到哪些有效的理论观点，只好缴械投降。

夏无双：但是这种流行趋势也是昙花一现，这些流量小生和小花的更新换代非常快，每年都会出现一些爆款电视剧，然后火一两个主角。这些流量可能就火一两年，然后就过气了，他们就要趁现在爆火的时候疯狂捞钱或者开创自己事业的另一个领域，不然就会被新的流量长江后浪推前浪了，现在的粉丝精明着呢。自从2016年重新爆款的选秀节目开始，偶像选秀节目一波接着一波，选秀出道的小偶像跟韭菜一样一茬一茬的，粉丝都快挑花眼了，这让我想起小时候忽然爆火的节目："超级女声"（疯狂暴露年龄系列哈哈哈……），那个时候这个节目真的算是国民现象级的综艺节目了吧，你应该也看过，当时只能发短信投票，据说电信、移动和联通通过投票短信赚了很多钱。2016年重新流行的选秀类综艺节目让我想到了当年全民给李宇春、周笔畅、张靓颖他们投票的盛况，虽然我没有参与这个活动，但是节目还是看得津津有味的。然而随着观众审美疲劳，大概四五年之后这类节目再也没有出现过了，也有可能是我不怎么关注了吧。但是在2018年，"创造101"和"偶像练习生"让选秀类节目重新回到了大众的视野。那一阵给各个偶像投票、拉票的微博遍地开花，有的公众号把2018年称为"偶像元年"，从那一年开始，养成系的偶像、流量开始疯狂出现，一茬一茬的，我这种不看选秀节目的老阿姨现在已经基本分不清谁是谁了。最好笑的是，现在的顶流小生和小花，我都是通过bilibili网站的各个电视剧和综艺吐槽的视频UP主们，或者鬼畜区的视频了解到的，落伍了。

南帆： 还有一件令人困惑的事情是，不再流行的时尚哪儿去了？时尚似乎不存在任何历史积累，消失之后就不再有人想起，过时的款式没有任何价值，无声无息地沉没于历史波涛之中。也许哪一天这种时尚重新出现，但是，人们往往觉得是从天而降，而不是多少年前的传统延续至今，传统的延续仿佛不会产生时尚的感觉。

夏无双：有啊，很多不再流行的时尚后来又流行起来，统称为"复古风"，比如前两年欧美大牌流行我小时候穿的那种针织超土花纹的毛衣，真是能多土有多土。还有这两年忽然流行起来的复古风妆容，就是"一战"时期欧美的那种浓眉毛大红唇的妆容。时尚风格就是一种循环，会有新的时尚风格的加入，也会有以前曾经流行的时尚循环再次流行。绕了一圈，又回来了，给人一种恍若隔世的感觉。但就是这样啊，不知道今年的荧光绿潮退之后，要过多少年又会重新成为时尚，那时候不知都是什么样的人在穿。

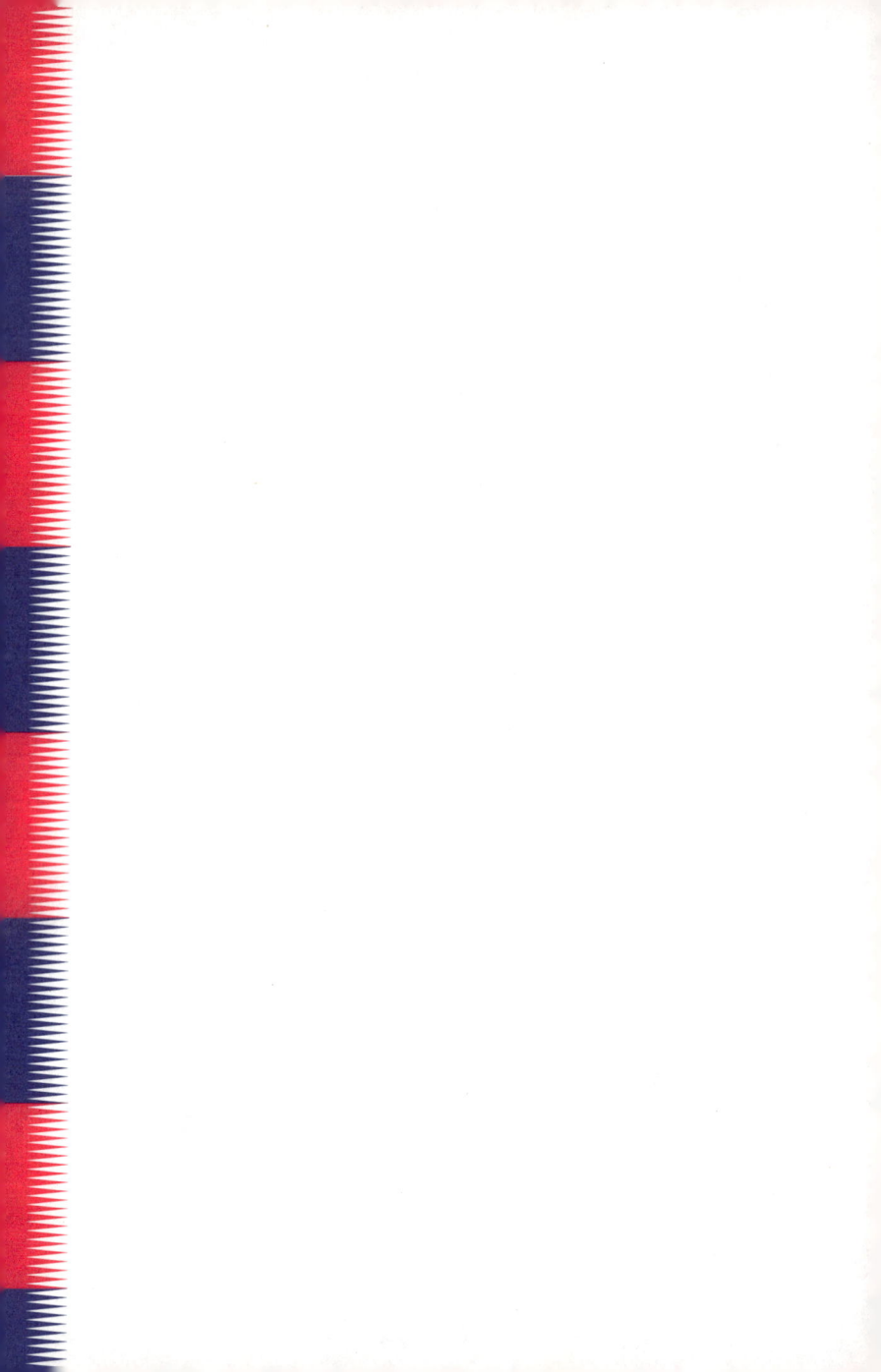

那么多纵横交错的生命

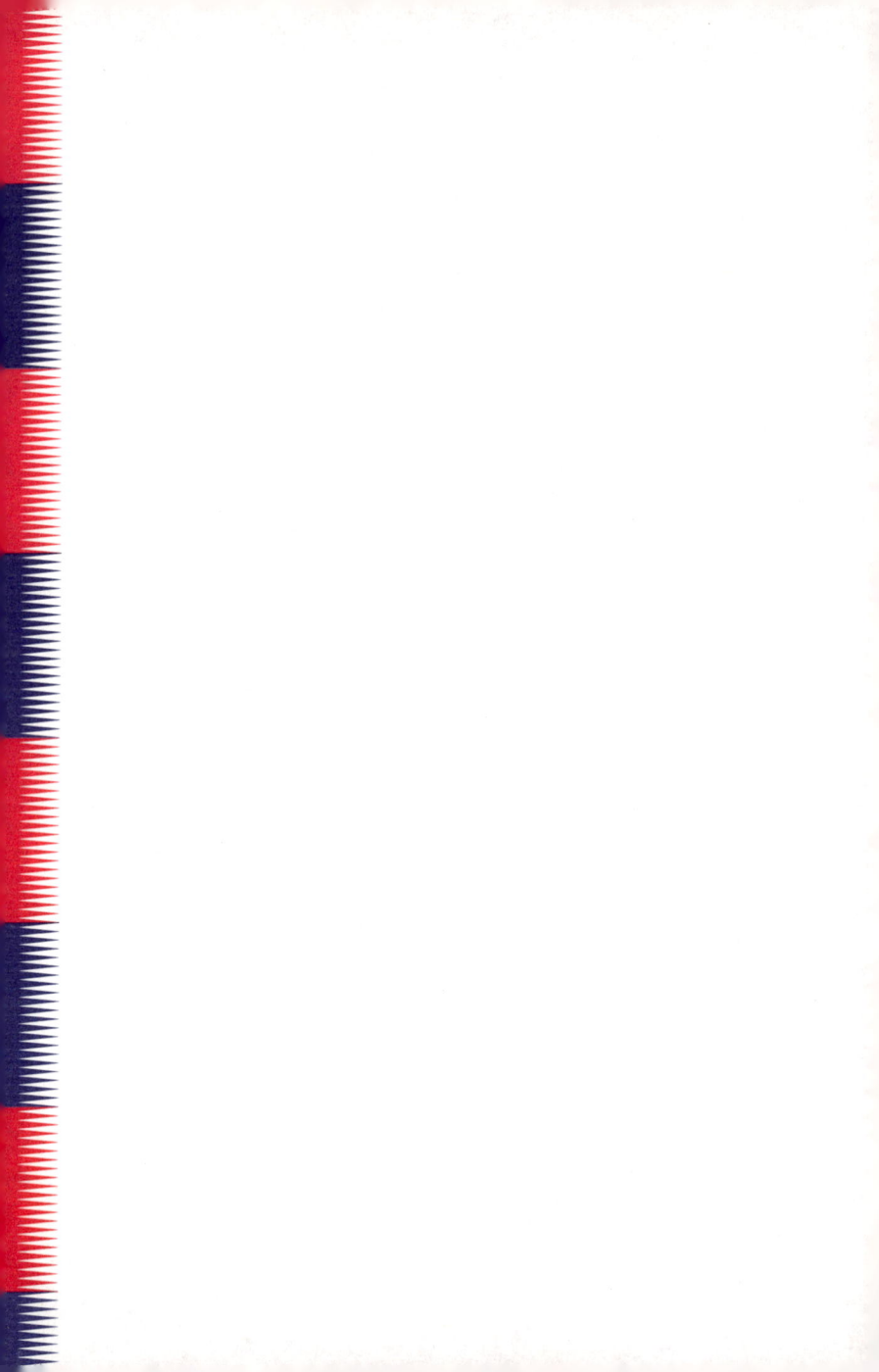

主持人语：花那么红，猫多么萌

离家几公里外有间小工作室，工作室是借来工作的，但庚子年开始后，却有漫长的五十多天都大门紧闭。病毒来了，陡然而起，如浪汹涌，并且张着血盆大口漫向四面八方。所有人都被惊吓得缩紧身子。我们终于被提醒，貌似无所不能，其实有多么脆弱。

这世界人口统计也只是个大概，而动物呢，可有具体数字？上网查了查，以等级特征区分有域、界、门、纲、目、科、属、种八大种，如果通俗点儿，则分爬行类、飞禽类、哺乳类、昆虫类、家禽类、鱼类、食肉类。再细查，查到"大约一百五十万种"这个说法。每一种类又有多少分支呢？据说单鱼类就有两万五至三万种，兽类有四万五十种，鸟类九千多种，爬行类三千多种……我不相信这个数字是准确的，连自己的人口都弄得一片混沌，那么多离我们山高水远的动物又怎么有把握让目力完全抵达？在幽微处，在模糊中，它们默默起承转合着我们无法揣测的生命，恐惧或得意、悲痛或欣喜、沮丧或期望想必都涌动成河，却不被翻译，无人想懂，何时生哪处死更不被怜惜。如同植物，嫩芽一年年春来时钻出地面，向上寸进，向四周伸展枝丫，壮大很快，老去很慢。世界因此渐渐拥挤，熙来攘往，郁郁葱葱。科学家尽可以放胆天马行空列举出植物各种详细数据，信不信由你，反正无从对证，反正说说而已。

谁才是这个星球的老大呢？人没有树高，树不能像动物可以行走，动物不可能有比人更灵巧的手用来制造武器——武器终于帮人占了上风，被制服的动物只能逃避或献媚，萌萌地摇头晃脑甩尾巴，以换得一个活下去的狭小空间。植物虽保持直立向上的外形，却早已集体克己守礼，如丫鬟低眉献上花朵，似家奴般勤呈上果实。风过，绿叶哗哗作响，宛若一阵阵海啸般地山呼万岁。

那天在春节后闭门不出一个多月，忽然惦念起工作室外一株移种不久的茶花，多日无人浇水，它必定已枯死作别了吧。点开手机中的监控，一愣，惊得猛地瞪大眼，居然开花了！非常繁茂多姿地开，满树通红。太意外了！我甚至对它之前的含苞蓄势一无所知。更意外的是花盆旁，一黄一白两只流浪猫正悠哉躺倒，前爪向前，后爪拉后，一副整个世界都可防可控不在话下的轻松自在。它们一直借居在工作室外的空地上,将床安在窗户外一个废弃的柜子里,即使在我忍辱负重百般讨好之下,已从最初神经质地惊慌逃窜,到缓缓疑虑眺望,仍每次都紧绷身子,左右环顾,何时有过如此无拘地拔长腰惬意沉醉,不忧当下,不惧未来?

这一刻阳光真好,亮而透明,黄灿灿地铺向茶花树的每一片叶子,也铺向两只每根皮毛都洁净柔顺的流浪猫身上。

一阵鸟鸣声从手机屏幕里冲出,树叶一定会群起抖动,欣喜应和吧?

南帆: 这次我们来谈一谈动物和植物吧。我们面对的是相同的动物和植物,但进入眼帘后,它们的根系通往的方向却可能大相径庭,来,你先一口气说出最熟悉的动物和植物的名字。

夏无双: 我对植物很不熟悉,也就认识类似狗尾巴草、喇叭花、绿萝这种超级基本款,还有吃的桃子、梨、荔枝、杧果这种算吗?如果算,其实我也仅知道它们的果实,至于桃树梨树荔枝树杧果树,对不起,它们长什么样我完全不知道，即使见过其中一两种，转身又混到一起去了。至于动物，大众款我基本上都认识，毕竟是从小看央视的《动物世界》长大的，当然把个别的弄混了，也不是不可能。至于最熟悉的动物，当然是猫和狗了，这两种都养过，跟它们友好得像亲姐妹，可惜现在都没有了。人的寿命已经太短了，猫狗竟更短。有种说法是，狗活一年等于人类活七年，不知是不是真的，总之很不可思议。前几年养过那只叫"卡普"的拉布拉多犬，从它进门的第一天起，我就盼着科学家发明出狗的长寿药。药还没个影，卡普却已经死了。我在宿舍里种过的绿萝、文竹、薄荷也算熟悉吧？但种不好，转眼都枯了，大概我跟它们八字不合。

南帆： 这就是我们两代人的区别了。你的动物和植物植根于房子，甚至植根于寓所里，我的动物和植物却通向土地、森林，通向大自然。你的动物是宠物，身上毛茸茸的，十分可爱，本质上它们逗留在房子里，犹如一个活动的、长毛的家具，你的植物本质上是一种盆景，仅供观赏，它们与土地、肥料、阳光以及病虫害没有多少联系。你们的大自然仅仅是一个概念，被城市的巍峨建筑阻隔在一个遥远的地方。我和大自然的联系远比你——以及你们这一代人密切，对于动物和植物的不同理解、不同期待根源于我们与大自然的距离，以及我们对于大自然的不同态度。

夏无双：是这样的，我们这代很多人从小在城市里面长大，见到的都是高楼大厦，几乎没机会见到森林、农田，更别说认识什么植物、花卉和谷物了。更何况，我们从小学校教育的就是要认真学习书本上的知识，春游、秋游什么的也是去学校附近的公园应付一下。公园里倒是有植物，但都是被修剪得规规矩矩的绿化树和草坪，家长和老师还反复教育我们不要踩踏草坪，也不能攀爬树枝，总而言之就是要离得远远的，那还怎么能跟它们生出亲切感？而且去公园这项活动我记得上初中之后就再也没有过了，读书读书再读书，作业作业再作业，出去玩跟犯罪似的。你们那一代完全不一样吧，不仅从小在自然环境里长大，而且还经历过下乡种地，认识的肯定比我们多了去了，在您眼里什么是大自然呢？

南帆： 什么是大自然呢？也许，住在高层楼房，也可以从窗口看到远方一圈钢蓝色的山脉，但事实上，我们已经很久没有到山里面去了。我们不再和大自然接触，甚至麻木了，根本意识不到这一点。我们的绝大部分时间生活在人工的文化环境里面。

　　一阵大风劈头刮过来，像一床棉被突然裹在头上，让人喘不过气来，或者，沙粒大的雨点毫无遮挡地打在身上，如同一条鞭子抽下来，这就是赤裸裸的大自然。我曾经到过几个大沙漠，身边只有一个又一个的沙丘，每一个沙丘当然也存在差异，可是我们认不出来。如果没有停在几百米以外的汽车，我会立即丧失方向，分不出东西南北。我们习惯的是城市环境，这儿充满了文化制造的各种标记，譬如，过了十字路口的一幢大楼，前面一个商场，顺着商场向右拐，进入巷子就到家了。我们认识十字路口和大楼、商场，不认识沙丘，就像只能根据每一张脸而不是每一个巴掌辨认张三或者李四一样。亚马孙河旁边有大片森林，没有经验的人进入森林数十米就会迷失方向，可能再也走不回来了——我们不认识森林里的路标。现在，这种纯粹的大自然离我们很远，我们只是坐在大楼的玻璃幕墙背后想象大自然。但是，我们见到的那些动物和植物是从那儿来的，带有大自然的气息，某些时候，动物和植物的自然性质会成为最重要的特征。你们这些从小生活在城市里的孩子，总是不知不觉地将动物和植物想象为城市的产物——好像它们本来就是城市的组成部分。

夏无双：我不是，我知道自然生长的植物和城市里的绿化植物差别还是很大的，它们的区别在于一种是人工饲养，一种是顺应自然规律野生野长。我们在城市长大，没有机会到农村去种植天然植物，但很多人都对种植抱着极大的好奇心。年轻人可能会互相影响了，总之现在很多女孩都喜欢在家里或者单位弄些花花草草，每天拨弄几下，浇浇水拔拔草，再互相交流彼此的种植经验，也挺有意思的。我从来没觉得这是城市的一部分，反倒觉得是城市人向大自然致敬的一种举动吧。对比自己更弱小的动物和植物，每个人多多少少都有一种怜爱之心吧？可能养些宠物和种些植物，能满足我们弄不清是否真实的博爱之情。

南帆： 我感觉你对于动物和植物没有切近的观察和感受。小时候肯定到过动物园，那些铁笼子里的狮子、老虎和猴子已经远离它们生活的森林和崇山峻岭，你们只能看到它们懒洋洋的形象，它们的凶猛、敏捷、机灵仅仅是从教科书的叙述或者电视里看到的。没有切近的观察，电视提供的形象也会产生巨大的误差，我记起了一个有趣的例子，一个孩子看到出现在电视屏幕上的一条狗，他大喊马来了。没有亲眼见过马和狗，不清楚它们躯体尺寸的真正区别，那么，马和狗不都是四条腿、一根尾巴、身上有毛吗？大众传媒如此发达的今天，你们的绝大部分知识来自电视、互联网和书籍、报刊，你们知道的事情比我们这个年龄远为丰富，上至天文，下至地理，但是，你们经历的事情很少。许多时候，你们身体的活动范围从未超出两平方公里，甚至始终就宅在家里。现代版的秀才不出门，心知天下事，只不过天下就在大众传媒里。你们的动物和植物很大一部分也在电视和互联网上，你们不是从大自然中接触这些动物和植物，而是在大众传媒上发现它们，按照大众传媒提供的形象想象它们，塑造它们。

夏无双：有些动物也只能通过大众传媒去认识发现它们呀，您不能完全否定电视和互联网对于动物种类的科普嘛，比如您说的狮子、老虎、大象、猴子这些大佬级的动物，平时我们碰不到啊，也只能在电视里看类似于Discovery频道"非洲大草原系列"中了解嘛。我们平时能见到的小动物也就猫啊狗啊，最多加个兔子、老鼠、乌龟，它们都萌萌哒，非常可爱。而对于远古生物和那些危险的野生动物，更是只能通过大众传媒去了解认识，我觉得这是个好事，至少丰富了我们的一些知识，知道世界上还有那么多我们所不了解的生命正活着，并且有哪些生老病死的挣扎等，这都很正面。

南帆：你们首先重视的特征往往是"萌"，一些动物"好玩"或者"可爱"的一面。这种特征为你的卡通画提供了巨大的灵感。当然，你们的作品又会加重这个特征，以至于许多人的第一个冲动就是要把那些小猫、小狗搂在怀里。但是，所谓的"萌"仅仅是动物身上短暂的、片刻的形象特征，是人类对于它们的观感。电视片《动物世界》就会比较客观一些。事实上，每一种动物都有自己的生命逻辑，大多数时候，它们必须按照自己的生命逻辑生活。你妈说过,你小时候曾经买过一对鼠兔养着玩,她差点儿被这一对鼠兔折磨疯了。鼠兔必须吃干燥的青草,其中一只鼠兔就是因为吃了带水的青草而拉肚子死了。你妈说,根本想不到一只小小的鼠兔竟然那么能吃,一张嘴巴时时刻刻都在咀嚼,一大堆干草转眼间就没了,饥饿的时候就发出吱吱的声音愤怒地抱怨。你妈为此甚至必须半夜跑到楼下拔草。据说你愿意付出的劳动是,用布将刚拔回来的青草上的水珠擦拭干净。如此能吃的鼠兔必然具有相应的排泄量,喂养鼠兔的阳台臭气熏人。这时,真实的生命逻辑和大自然面貌终于出现了,新陈代谢的生命循环之中,"吃"和"拉"是最为基本的两极,这些内容当然远远超出了"萌"的范畴。

夏无双:养兔子应该是我小学时候的事情了,小朋友不都是这样的吗?哪个小朋友会去拔草呀,养动物光是为了好玩,新鲜得不得了。那个时候小伙伴们还流行养小鸡和蚕宝宝,我仅仅停留在养兔子而已,而且兔子死了我也没有要我妈妈再买新的呀,我已经是一个很好养的小朋友了。那时,全班同学每个人好像都会在家里养个小东西，谁不养就不合群，课间凑在一起七嘴八舌交流养动物心得的时候，没养的就可怜巴巴的插不上话，跟个小怪物似的。我记得学校老师是推荐我们养蚕宝宝的，可是我很怕虫子，看到就起鸡皮疙瘩，于是我就养了个兔子，毕竟红眼睛、长耳朵的兔子比毛毛虫似的蚕宝宝可爱多了。

你们小时候有没有流行过养什么动物啊？

南帆： 养过猫，主要是我外婆养，她特别爱猫，一只接一只养。我那时还小，正处于野性最足的少年时代，每天玩都来不及，很少认真在意它们。

我发现有些时候，这些动物和人相处久了，慢慢学会了与人磨合，甚至学会了"盘剥"人的情感。一位作家朋友心血来潮买了一对花狸鼠，据说花狸鼠要求主人必须时刻抚摸它们，否则就会用尖叫作为抗议手段，那位作家因此必须时刻像伺候老太爷似的不断抚摸它们，每天因此忙碌了许多。让生活如此节外生枝，你觉得有意义吗？

夏无双： 很多动物确实是这样的，特别是猫，非常黏人，非常缺爱的样子，很容易就让人生出保护它们的念头。

于是现在有一种自动撸猫器，模拟人手的速度和大小放在猫的身边，猫趴在地上，这个东西就可以自己开始摸猫，节省了大部分人的时间，我记得这是日本人发明的黑科技哈哈哈……我觉得您可以把这个推荐给那些作家朋友。其实很多动物都是通过撸毛来增进和主人的感情，您可以理解为这是小动物的社交活动，所以还是很有意义哒。

南帆：一些动物已经完全成为人类家居的一个组成部分，例如养在鸟笼里的画眉或者鹦鹉。想一想自由自在地飞翔在天空的老鹰，甚至想一想叽叽喳喳地抢夺食物的麻雀，我们就能知道鸟笼里的画眉和鹦鹉已经与它们完全不是同一个类别——虽然二者都是"鸟类"。画眉和鹦鹉几乎与笼子始终联系在一起，不知道它们如何在笼子之外生活。象征的意义上，笼子无疑是家居的一个零件。

据说你小时候常常趴在阳台上，非常投入地与对面楼邻居家阳台上的一只鹦鹉说话。换成现在，你肯定不会这么做了，但幼年时却可能相信对面阳台上那个跳来跳去的生命，是完全能够跟你交流的，交流久了，甚至可能有老熟人的错觉。天真单纯的美好，往往体现在这样的轻信中。

夏无双：我已经完全不记得自己什么时候跟鸟说过话了……倒是以前我常常希望自己能通鸟语或者狗语之类的，真要是能听懂另一种生命的话，那简直酷毙了。我大学同学家里最近养了一只小鹦鹉，她跟我谈过关于养鸟的感受。她家的鹦鹉没有关起来，是满屋子飞的，经常停在她头上啄她的头发，她说最近正在纠正鹦鹉这个习惯，怕被啄秃头了哈哈哈……有个细节很有意思：她家里来客人的时候，会把鹦鹉拴在架子上，拴之前主人喊一声，鹦鹉就会立即飞过来乖乖就范，比我想象中听话很多。有个问题一直让我很困惑，为什么动物能听得懂人说的话，狗啊猫啊也都听得懂，可我们人类却一句都听不懂它们说的话。我们家养了卡普四年，可是您也始终没听明白卡普每天都喊叫什么吧？

南帆：这个问题有意思，会不会因为我们人类自视太高，根本不屑于倾听动物的表达？据说听得懂动物语言的人是真实存在的，英国畅销书《马语者》的男主人公就是一位通马语的人。另外，网上曾有个关于日本一位通狗语专家的视频，点击率非常火爆。"鸟语花香"这个词不错，也许总有一天科技会帮我们破解这一切。但在家里养鸟我觉得很不可思议，鸟属于空中，不是家中。

画眉可能算是例外，画眉讨人喜欢的品性是悦耳的吟唱，家里养一只画眉，每一天都会在一阵悠扬的歌唱之中醒来，这是一件快乐的事情。当然，研究表明，画眉从未想充当人类的叫醒闹钟，它的吟唱具有自己的目的，多半是求偶的信号吧。人们感到悦耳不过是偶然的巧合罢了，许多人热衷于训练鹦鹉说人话，这是一件具有特殊意义的事情。当然，人类的一个重大爱好是，训练动物模仿人类，我们喜欢从动物身上发现一个版本很低的人类原型，这会让人类感到某种秘密的愉悦。有时，人类还要强迫动物玩一些人类自己的游戏，例如斗蟋蟀、斗鸡，如此等等。这是将动物身上相互竞争的生存本能开发出来，服务于赌博设计。人类的赌博大约同样是动物本能的遗传，只不过种种游戏形式以及不同的赌资带有不同历史时期的文化特点。但是，我想说的是，鹦鹉学习人类说话是试图掌握人类的符号体系。幸亏鹦鹉只能浅尝辄止，鹦鹉的脑容量无法负担人类符号的复杂性,如果动物可以掌握人类的符号体系,不知道这个世界会变成什么样子。

夏无双: 我没有养过鸟,所以没有过这方面的体会,但我觉得中国人还蛮喜欢养鸟的,特别是北京老大爷,不仅养鸟,还很有一套训练的手段。我曾经在鼓楼附近的广场上看到一个老大爷养了大概六只鹦鹉,他把鹦鹉拴在自制的架子上,然后每天训练它们在空中接谷子,吸引了一大批人围观,其中包括我。鹦鹉接了谷子就飞到旁边的树枝上,他吹一声口哨鹦鹉就又飞回来了。有那种不太听话的鹦鹉,飞到树枝上不回来的,他就派另一只训练有素的鹦鹉去把调皮的鹦鹉喊回来,基本就跟训练猫狗坐下、拜年差不多。

南帆: 现在,地球上的动物已经不是人类的对手了,不论赞成与否,人类中心主义已经成为一个现实。这种状况是如何发生的呢?我认为一个重要的原因是,人类文化是积累性的,动物的生存仅仅是生物密码的遗传。一只老虎或者一只狮子的生存本领与五千年前没有多大的差别,可是,五千年的时间里,人类的进步极为巨大。五千年前还是刀耕火种，茹毛饮血吧，现在则住进了高楼大厦，开着汽车、打着手机，不高兴起来还可能用炸弹打来打去。人类不如鹰飞得高，不如狮子健壮和迅捷，待在野外既怕冷又怕热，尽管如此，已经没有任何一种动物是人的对手了。所以，人类可以用嘲笑的口吻对动物说：没文化真可怕。

如何理解所谓的"文化"？文化的一个特别重要的东西是符号。对于人类说来，语言是最为精密的一种符号，当然还有音乐、绘画、雕塑以及数学公式、物理学公式等。语言符号记载了所有成功的经验，一代又一代地往下传承。纵观历史，人类的进步是一个不间断的持续过程，下一代人可以从上一代人到达的高度开始，所谓"站在巨人的肩膀上"攀登。动物无法做到这一点，一只老猫临死之前无疑是它最有经验的时刻，然而，它无法将捕捉老鼠的本领记录下来，传给它的子孙后代。事实上，所有的小猫还得从同一个起点开始，它们那点儿本领是生物密码遗传下来的。一代又一代地捕捉老鼠，猫的本领也会有所发展，然而，这称之为"进化"，而不是"进步"。"进化"极为缓慢，甚至难以察觉。

伟大的符号把人类放到了河岸的这一边,而没有符号的动物在河岸的那一边。鹦鹉装出能说话的样子,吓人一跳,幸而仅仅是"鹦鹉学舌"。绝大多数动物没有符号系统吧,似乎在哪儿读到文章,说海豚有自己的符号,它们凭借此可以在海洋中相互联系。海洋的生存环境比陆地上好,食物众多,海豚没有强劲的竞争对手。估计海豚没有必要依赖符号体系研究鱼雷之类的武器,它们的大部分活动是在辽阔的大海里尽情地嬉戏。

我要在这儿顺便说到人工智能,也就是AI。人工智能正在飞速发展,速度之快已经引起了许多科学家的忧虑。我觉得这种忧虑是有道理的——相对于人类,人工智能的符号接受能力太强了。一个天才型的围棋手要耗费多少年的时间才能掌握围棋的基本知识以及众多的棋谱,然而,新一代的阿尔法狗几个小时就将一百万盘的棋谱装到硬盘里。这种学习速度太可怕了,人工智能的突破是文化符号的积累和掌握。我担心的是,不久的未来将出现人工智能控制的"动物"。不管钢铁、塑料或者种种合成材料制造的四肢是否比人类灵活,但是,这种"动物"将在文化符号上完全碾压人类。人工智能看待人类的智商就像人类洞悉一只麻雀小脑袋里可能隐藏的全部想法一样，如若发生对抗，人类完全不是对手。人类学习各种知识和符号的脑神经也是"进化"而来的，无法与人工智能相提并论。

夏无双：我觉得人类进步的根源是科技的发展，而科技发展的主要根源是人的惰性，因为懒得做各种事情，导致黑科技不断推出创新。比如因为 Photoshop 修照片麻烦，于是发明了各种美颜相机 APP，直接 P 图；由于洗胶卷很麻烦，于是发明了数码相机；买菜麻烦，于是推出了卖各种蔬果的 APP。前几天家里的吸尘器有点儿不好用了，我上网准备买个新的，看到现在的吸尘器已经小到跟一个拖把一样，不用插电源线，也不用弯腰按电源，手拿着吸，自带电池，用完可以吸在墙上。当你吸了灰尘还想拖一下地的时候，就可以用现在出现的电动拖把，没有以前的水桶、拧干桶什么的，都不用了，就一个杆+拖把，你边拖地，它边洒水，特别方便，我立刻买了个组合套装，省去了不少换水的时间。而且我认为能自我学习进化的人工智能 AI 是未来发展的主力军，当然 AI 如果进化出自我意识，对人类来说肯定是一种很大的威胁，但是科技本来就是一把双刃剑，你不能因为危险而不推进科技发展，不然五十亿年后太阳爆炸的时候，人类要是没有找出宇宙生存或者太空移民的方法就一定会灭绝。

南帆：你这么年纪轻轻的，已经开始忧虑五十亿年以后的事啊？

我们还是回到主题。我忽然想到，那么多动物里，最成功地与人类建立起感情关系的，应该是狗和马。马是游牧民族的生产工具，草原牧民的生活与马息息相关，而我们相对熟悉的是狗。你刚才已经提到之前我们家养过一只名字叫"卡普"的拉布拉多，你一直特别喜欢它。我有个疑问：你与卡普之间建立感情，是不是比与人来得容易？同时也更单纯而温暖？

夏无双：人和狗建立起感情关系是因为以前狗是用于打猎的，和马的作用是一样的，人需要依赖狗才能更好地生存。以前人养的狗大部分是猎犬，也算是生产工具的一种吧。还有就是极地地区的狗是要拉雪橇，用来替代马作为代步工具。我喜欢狗是因为狗很可爱啊,而且带着大狗去遛弯对于小时候的我来说,简直向往极了。我也喜欢肥嘟嘟的猫,应该说毛茸茸胖乎乎的中大型动物我都喜欢。体量太小的动物太像假的玩具了,我不是太喜欢。大才威风嘛,脑量也大,而动物脑量大的,一定会更聪明。

南帆: 对于我们家的狗来说,你的主要工作还是负责宠爱,遛狗主要是我的工作,而且还得带上塑料手套,负责将狗拉在路上的粪便收拾起来。你多次提出说,要把家里的狗狗送去训练,让它懂得规矩,至少要学会礼貌地跟随主人出行。拉布拉多的智力完全可以胜任,我却一直不太接受这个主意。我舍不得它到训练营吃苦、挨打;另一方面,我们为什么要强迫狗学习人类呢?按照自然的安排,各有各的天性,狗狗就按照它自己的意愿生活好了。当然,如果狗狗更通人性,不乱咬家里的沙发和鞋子,不把书橱里的书本撕烂,相处起来肯定会更融洽一些。可是,对于一条狗说来,这种要求是不是恃强凌弱的压迫?实话说,在这个问题上我很矛盾,有点儿纠结。

夏无双: 这二者确实有矛盾,但是不训练怎么让狗听你的话呢，不听话，你让它不咬沙发和鞋子又怎么能做得到呢？训练狗就是让它产生类似于狗群里面的阶级意识，他会知道你是它的老大，它要听你的。我们所说的狗聪不聪明其实就是这种狗好不好训练，拉布拉多非常好训练就是因为这种狗极其聪明，又超级贪吃，用吃的奖励，练几次就会了。在网上我们都叫拉布拉多是"拉不拉猪"，最适合做吃播的犬种，基本上不挑食，给啥吃啥。当狗子学会了一些基础的技能之后，它更能适合人类的习惯，它舒服，我们也轻松多好，而且又不是训练它钻火圈、跳台阶这种危险的事情，只不过是随行、听口令而已。

南帆：好，先把狗放一边，说一说猫吧。你对于猫有什么观点？养猫的家庭似乎比养狗的家庭还要多。猫与人不像狗与人那么亲密，互联网上的说法是，猫是"高冷"的动物。冷淡有冷淡的明智，狗与人太好了，分离就会让人难受很久，这种情义将双方都套住了，猫相对好一些吧。当然，这些都是人类的观感，不知狗和猫心里是怎么想的。

夏无双：猫是比较"高冷"，比较有自己的思想，换一句话说就是不怎么好训练。不过猫一般也不用训练，由于爱干净的特性，它会自己去猫砂里拉屎拉尿，也不需要每天出门遛弯，而且猫的体积比较小，就算破坏，造成的后果也比较轻，所以养猫的家庭肯定比养狗的多啊，多省心啊。更何况猫长得比狗可爱多了，很多女生都喜欢养猫，毕竟萌啊。我比较喜欢肥嘟嘟的猫，比如橘猫。咱们家以后要是养猫，那只猫肯定贼肥，我要狠狠地喂饱它。

南帆：你正在用大漆画卡通十二生肖，我发表过一篇散文《送走三只猫》，记述养过的几只猫，文中提到一个问题：为什么猫不属于十二生肖？民间有一种传说，猫被老鼠骗了。民间故事总是这么说：两个家伙原先是一对好友，相约一起去应征十二生肖，可是，那天早晨老鼠偷偷一个人去参会，猫居然睡过头了，从此猫与老鼠世代为敌。我的观点是，大约是不慎把龙与猫弄错了。想一想吧，十二生肖都是那些世俗的动物，狗、马、牛、猴、猪、羊、鸡，如此等等，高贵的龙怎么会和它们混在一起？猫在这个队伍中倒是理所当然。后来读到了一种解释：十二生肖大约开始流行于战国时期，东汉已经成为相对固定的说法。家猫大约西汉时期才从埃及传入中国。这个观点大约比较可靠吧，只不过没有解决龙为什么礼贤下士的问题。你也曾用漆画和卡通单独画过一只猫，那一幅作品我喜欢。

夏无双： 猫传入中国的时间比较晚，所以十二生肖里面没有猫的存在，这个说法现在大家都很认可。但从绘画的角度，猫属于特别"上镜"的动物，用线条勾一勾嘴巴、胡子、眼睛、尾巴，一只猫的形象就出来了，特别"上镜"，所以画猫的大有人在，简直不要太多了。

南帆： 一些动物成为人类的生产工具，例如牛、马、驴、大象，某些寒冷地带，狗也会拉雪橇。除了生产工具，某些动物还成为人类的宠物。宠物不创造经济价值，而是形成情感价值。我们对于生产工具——譬如牛或者马——的感情带有相当成分的尊敬，宠物基本上就是怜爱。我曾经考虑过一个问题：宠物的躯体尺寸。将蚂蚁作为宠物显然不太过瘾，蚂蚁的小小身躯几乎无法承受人类的怜爱。大象的躯体体积肯定太大了一些，一只大象那么大的画眉或者兔子会把人吓晕。记得你说过，曾经在大学宿舍里养宠物猪。店主欺骗你们说,这只宠物猪只能长成小小的一团。可是,所谓的宠物猪日复一日雄赳赳地成长起来,很快就让你们无法接受。最为适中的尺寸大约就是猫或者哈巴狗吧,人们可以照顾它们,并且在照顾中产生强大的成就感,可以把它们像婴儿一样抱在怀里,想象自己成为一个不可替代的依赖对象。这个意义上,笼子里的鸟类或者鱼缸里的金鱼不够理想。鸟类和鱼类无法在身体上与人类形成亲密无间的接触。至于将蝎子、蛇这些动物作为宠物的重口味爱好就不去提它了。这里有一种隐约的身体尺寸对比:宠物的身体最好不要超出人类身体的三分之一,太大的宠物身上隐藏了某种不可控制的力量,一旦产生攻击性,人类无法抵御。我们会觉得那些身体体积较大的宠物必须绝对保证脾气的温驯——可是,谁来保证?偶尔还会看到这种新闻,马戏团里的老虎和狮子把驯兽师咬了。

夏无双:其实现在宠物可是五花八门啊,养蛇、虫子的不提了,多了去了,还有各种鸟、兔子、仓鼠也很常见,我还看见有养猴子和羊驼的,甚至我们的老邻居俄罗斯人民有着最著名的宠物——棕熊和北极熊。还有中东土豪，特别喜欢养狮子、老虎、豹子，特别是老虎，简直是中东土豪标配，基本都是他们从黑市上救回来的，从小养到大的那种，放在家里应该特别防贼哈哈哈……

南帆： 水族馆是一个特殊的世界，小时候我养过一段时间的金鱼，金鱼是用它们的"美貌"换取食物，这种动物回到自然界已经无法生存，但是，人类愿意无偿提供食品。不过，水族馆里的宠物与狗或者猫还是不同，毕竟不可能产生躯体的亲密接触。

夏无双： 水族馆从小到大我去得都比较少，每次去水族馆我都会害怕那些玻璃会不会突然破掉，然后水涌出来我会被淹死……深海恐惧症了解一下。

南帆： 来自大众传媒的动物形象多半显得"萌"，这些动物当然是有限的，似乎经过某种挑选。你比较熟悉，可以统计一下，哪些动物时常充当卡通片的主人公？老虎、狮子、熊猫、猴子、马、狗、猫，老鼠沾了猫的光也常常登场，老鹰、乌龟和青蛙有点儿小希望，牛有一副老实人的性格，太老实编不出有趣的情节，小动物里面似乎只有蜻蜓露面。水族动物进入卡通片的不多，大约也只有鲨鱼、海豚和大鲸鱼吧，这些动物形象大约都可以充当"正面人物"，即使凶猛也是堂堂正正的。当然，乌龟和青蛙必须处理得"萌"一些，它们的形象已经有些怪异。

夏无双：动物做主角的动画还蛮多的，最出名的就是《狮子王》和《猫和老鼠》了吧，主角一个是狮子一个是猫与鼠。不过狮子王里的人气角色丁丁与彭满后来也出了自己的动画，一个疣猪和一只山猫，还有《兔八哥》《小鹿斑比》《米老鼠》《唐老鸭》《高飞》，特别是《唐老鸭》里面的唐老鸭叔叔史高治，那可是二次元里面的超级土豪，在福布斯虚拟人物财富榜上他从来没有掉出过前三，经常占据第一名的位置。这可不是什么野鸡榜单哦，这是《福布斯》杂志官方推出的榜单，根据在游戏、电影里出现的虚拟人物的价值评选出来的，人物财富会和当年全球经济相挂钩，而史高治叔叔多有钱呢，漫画里面明确说了，史高治叔叔每分钟损失十亿美元，六百年后才能破产。也就是说蝙蝠侠和钢铁侠这种富豪在史高治叔叔这只鸭子面前就是个弟弟。近几年比较有名的动物做主角的动画有《海底总动员》《料理鼠王》《疯狂动物城》《爱宠总动员》《马达加斯加》，里面的主角也开始千奇百怪起来，有小丑鱼，有想当厨师的老鼠，有兔子和狐狸，有各种家庭宠物猫、宠物狗，还有狮子、长颈鹿、斑马、河马组成的热带F4。

南帆： 可是，大自然何其庞大，还有许许多多的动物都被摒除在外，苍蝇、蚊子、蟑螂、蚯蚓、水蛭、蚂蟥这些小动物都在负面清单里，连"反面角色"都轮不上。

  蛇是一个奇怪的角色。现实生活中，特别在南方潮湿的丛林地带，遇到蛇的机会远比老虎和狮子要多。我当知青在乡村生活的时候，曾经见到各种蛇，蟒蛇、银环蛇、竹叶青，等等，还有许多水蛇。蛇总是充当反面形象，无论是伊甸园中的蛇还是《白蛇传》中的蛇，人类为什么对蛇这么反感呢？蛇不像老虎和狮子那么暴烈，有些阴险、冷血，花纹背后冰凉的躯体，牙齿背后致命的毒液，如此等等，让人毛骨悚然。事实上，这是人们对于蛇的恐惧，人们不知道怎样与蛇战斗。老虎、狮子、熊等猛兽通常就是强壮的四肢加上一张无坚不摧的嘴巴，人类习惯与这种动物战斗。人们无法正面对抗,而是用自己的灵巧躲过致命的一击,然后从背后下手。人与人的格斗大抵也是如此,研究一下全世界形形色色的格斗术就明白。可是,蛇使用的完全是另一种战术体系,不知道从什么地方无声地钻出来,房梁上,床底下,一坨盘在门口,它不是正面扑过来,而是缠绕在人们身上,越缠越紧,不知道它的头在哪里,那一副毒牙从哪一个方向发动袭击。古希腊的"拉奥孔"是一个著名的雕像,那几个强壮的躯体被蛇牢牢地捆住,主人公嘴里正在发出悲惨的叫唤,总之,蛇是神秘的、无敌的,我们害怕蛇。

事实上,大自然培育了许多类似蛇的小动物,例如蚂蟥,或者毛毛虫。人类对于这些动物总是存在莫名的惧怕。幸好许多类似的小动物危害不大,当年农村的房子里壁虎随处可见,蜘蛛也到处结网,蟑螂更不用说了,它们从容地爬或者飞,都跟自己是房子主人似的。我在田里劳动的时候,腿上叮了好几条蚂蟥,如果扯不下来,必须点一支香烟将它们烫得蜷缩起来,这时它们才会松开嘴巴。当时做这个举动时,一点都不恐惧。

夏无双：我特别特别特别特别特别讨厌这些小虫子，主要是因为长得丑且我觉得虫子都很脏，特别是蟑螂！！！北方和南方的蟑螂品种是不一样的，南方的是那种美国大蟑螂，不仅个头大，还会飞！想起来就是我的童年噩梦！南方虫子特别多，我小时候每年的雨季还有漫天的白蚁，室外多，屋里也到处都是。我到北京工作之后，跟很多北方的同事聊天，发现他们居然都没见过白蚁。难道白蚁怕冷？

南帆：大自然当然不是人类的独霸天下，大自然赋予每一种动物独特的生命，从跳蚤到大象，它们都有生存的权利。只不过人类与某些动物格格不入，莫名恐惧。城里长大的孩子不熟悉来自大自然的各种丰富的动物品种，有时有一点文化洁癖，对于某些动物有抵触，觉得它们"丑陋"。我记得有一次你看到一只蟑螂从地上爬过，吓得一下子跳到沙发扶手上，放声尖叫。当然，所谓的"丑陋"和肮脏无非是人类的观感，动物也觉得你们人类够丑的，还莫名其妙地穿一些花花绿绿的衣裳。

夏无双：反正我从小就很害怕虫子，不管是硬壳虫还是软体虫，我都觉得很吓人很恶心。特别是蟑螂，我们都管它叫"小强"。有一个特别有意思的事情，我有一个大学的好朋友，她是北京人，毕业之后去了日本留学，某天她忽然给我发QQ，非常惊恐地说：我终于知道为什么叫吕布"小强"了（在《三国无双》这款游戏里面，吕布的头冠上有两根很长的须须，有点儿像京剧小生头冠上的那两根长毛），日本这边的小强和吕布一模一样！！好大只好恐怖啊啊啊啊啊！！！我非常淡定地回答道：还会飞哦。我同学当时吓得都快飞起来了，哈哈哈……北京这边的小强都是小小只，有点儿像我们南方小强的幼崽，所以我同学从没见过那种美国大蟑螂，第一次见，吓尿了。你别说我，我们女孩子大部分都是这样的！

南帆： 当然，这些看起来有些"丑陋"的动物，似乎人类都不怎么适应。我注意到一个现象，许多科幻电影中出现了奇怪的生物，它们可能是某些生物基因突变形成的，似乎也有一些来自宇宙，它们藏在海洋、沼泽地里，有时也可能藏在下水道里。在一部科幻电影里，一个令人恐惧的生物居然藏在宇宙飞船的机器缝隙中。这些生物往往形象不太清晰完整，但是都某种程度地接近蛇的原型,而且,躯体上沾着一些令人恶心的黏液。事实上,这些形象来自人类的噩梦,大自然中具有这些特征的动物不少,只不过大众传媒刻意地回避了它们。

夏无双: 那些有名的科幻电影里面的奇怪生物设计,其实都是有科学依据的,不是随便乱画的,一般是设计师根据外星球的生态环境、大气成分来设计的,而变异的地球生物由于变异源不同会产生不同的变异,不是您想象里的怎么恶心怎么来的哟,具体设计过程可以参考美国的一档综艺节目《特效化妆师大对决》,这个节目基本每一季都会有设计外星生物或者变异生物这个选题,非常好看,强力推荐。

南帆: 我忽然想到流浪猫和流浪狗问题,有时,动物只想获取一些食品,可是,人类总想将它们收编为城市家居生活的秩序之中,这真是很矛盾。城市不是丛林,它们无处可去,它们可能确实存在一些在人类看起来是坏的习惯,可是,这是它们千百年在丛林中形成的,没有这些习惯可能危及生命。现在,它们却要为人类改变这一切?

夏无双： 大部分的流浪猫和流浪狗其实是人买了之后不想养丢弃的小动物，其实它们都很可怜，有的被虐待，有的是生病了。现在有很多民间救助流浪小动物的组织，他们提出的口号是：让领养代替购买，提议让更多要养宠物的家庭优先考虑领养他们救助的流浪小动物，减少流浪动物的数量。一般这些组织救助了流浪小动物之后，都会带它们去宠物医院检查、打疫苗以及做绝育，养一段期间再组织领养活动，然后给每个小动物拍照片，发布到网络上，给有领养意愿的人看。有的组织还会回访领养家庭，看看有没有虐待小动物的行为什么的。其实现在大家对于流浪动物的关爱意识已经慢慢地提高了，相信以后流浪小动物的数量肯定会减少很多。

南帆： 好了，关于动物已经涉及不少话题，似乎可以再谈一谈植物了。作为一个学画画的人，你对于植物的兴趣似乎不如动物，或者，对于植物的想象力似乎不如动物。当然，植物是静态的，艺术表现的空间可能不如动物。

夏无双： 再说一次，我从小接触的植物非常少，这会儿脑中想起来的就是三角梅和杧果树，一个福州市各个高架桥都有种，另一个算是福州老城区的绿化树，到处都是。我认识的植物实在是太少了，很多树在我看来都长得很像，没有认真观察过。而且我家从小就不怎么种花，种的也基本都枯死了……

南帆： 某些时候，动物还可能跑到城市的人工环境中，植物不会走动，它们只能安静地待在大自然里。我发现，你们接触植物的方式多半还是通过大众传媒。手机已经非常厉害了，可以装上各种辨认植物的APP，例如"形色""花草大王"，等等。但是，人与大自然之间，还是隐蔽地存在一个机器终端，这个机器终端并非纯客观的，它延长了人类的感官，同时，它也变成了人类感官的一部分，代替人类感受。大众传媒是机器形成的文化神经，只有机器感受到的，人类才能感受到。例如，如果你不去亲自种植柠檬树，就不容易察觉柠檬树有刺，皮肤对于刺的敏感程度当然远远超过了机器。

夏无双： 是的，之前有一次我混进一个作家采风团，才知道有这种识别植物的APP，而且有趣的是你们作家圈基本人手一个APP，而且使用率很高，一路上大家都拿着这个APP扫一扫这个花，扫一扫那个树，非常兴奋地讨论这是什么植物那是什么植物。而之前我周围的朋友没有一个装这个APP的，我们也不在乎旁边的植物是个什么品种，是因为你们那个年代的人对植物都比较亲切吗？

南帆： 也不见得，可能就是瞬间产生的好奇吧，作家是一群好奇心特别旺盛的人。

听说最近你也开始了种植的实践活动，完全是实验室里袖珍种植那种，就是在一个玻璃瓶里种棵地瓜，号称今后要将地瓜叶当作日常的蔬菜。尺寸和比例完全不对吧？一个地瓜只有几片叶子，还不够吃一口，这就像手掌中刚刚握住一个鸡蛋，就号称即将拥有一个大型养鸡场一样。你知道得种几垄地瓜，才可以考虑吃地瓜叶吗？

夏无双： 那我又不是为了吃，我只是种着好玩而已啦！就在眼皮底下看着它们发芽长叶，一点点儿向上，每天都有新变化，感觉还是挺有意思的，特别有成就感。

农民种田时会不会也有这种感觉呢？有时候真的会冒出这样的好奇。当然也可能他们一辈子都在重复做这件事，都做麻木了，春种秋收，就那么回事吧。

南帆： 还有那些薄荷是怎么回事？好像你那个小房间里的薄荷不断地枯萎，浇水也没有用？感觉你的这些种植与做作业练习题一样，离开练习本就不管它了。有一道数学练习题，两列火车分别从不同的方向开来，速度各自多少，几个小时以后交错，等等。可是，如果你真正站在铁路旁边看一看飞驰而过的火车，就会知道练习本上的火车多么单薄。

夏无双： 种薄荷真是临时动议的，之前我听说薄荷生命力杠杠的，特别好养活。您知道，我又不是个勤快的人，想尝试种东西，又怕种不活害了花草的命，所以当然得找好养的植物下手。没想到其实薄荷也不是那么简单，养了好几盆都陆续呼啦呼啦死掉，真是一点儿办法都没有。再不停地询问卖家，让他教一教怎么养活，对方倒是不厌其烦地传授了，可是我按他说的去做，还是没养活，扫兴得不得了。

南帆： 西方的古典绘画中，风景画是一个大类别，植物在这些风景画中担任什么角色？

夏无双： 算是静物画的主角吧，大部分的静物画不是花草就是蔬果，起的是装点房间的作用。古代欧洲还没有发明相机的时候，静物画和风景画是那些贵族们装饰豪宅的首选，目的是在室内都能感受到大自然的风光和植物的气息。风景画的话算是三番，主角是城市建筑和农田，二番算是海边。专门画植物的很少，最著名的应该是《向日葵》和《睡莲》，其中莫奈算是一个比较喜欢画植物和自然景色的画家了。

南帆： 植物在中国古典文化中承担了一个重要角色，远比动物重要。古典诗词中，那么多诗人伤春悲秋，很多时候就是借助植物形象抒情。"雨中黄叶树，灯下白头人"，植物寄托了特殊的情感。他们的生活环境中，植物占有的分量当然远远超过了现今，柳絮、飞花与明月、清泉结合成幽静的生活环境。花开花落是古人常常伤感的情景，《红楼梦》中的林黛玉甚至作了《葬花词》。哲学家也喜欢用植物做一些譬喻，庄子认为那些当不了栋梁的树木能够免遭砍伐，

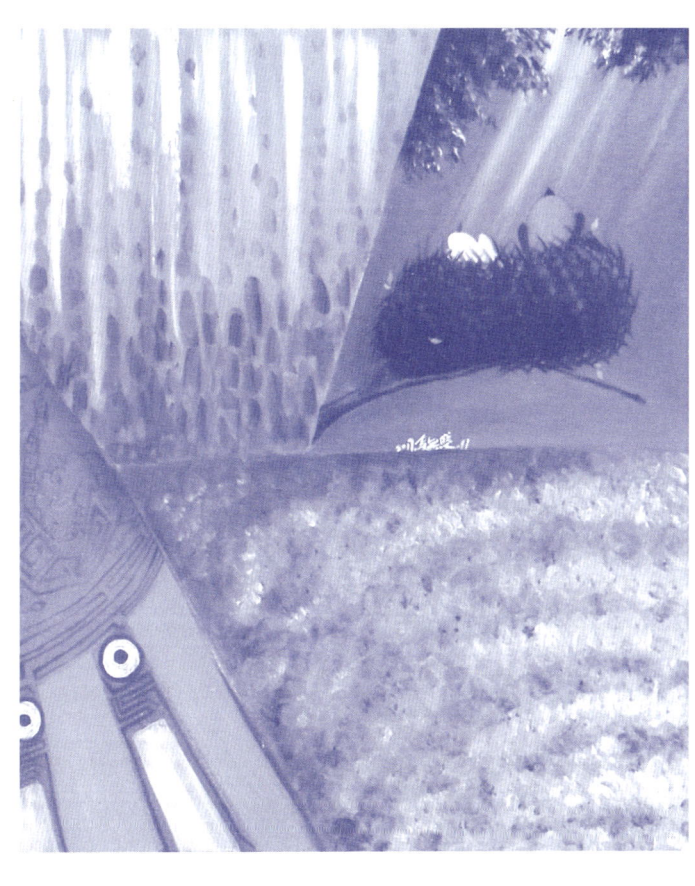

· 四季 ·

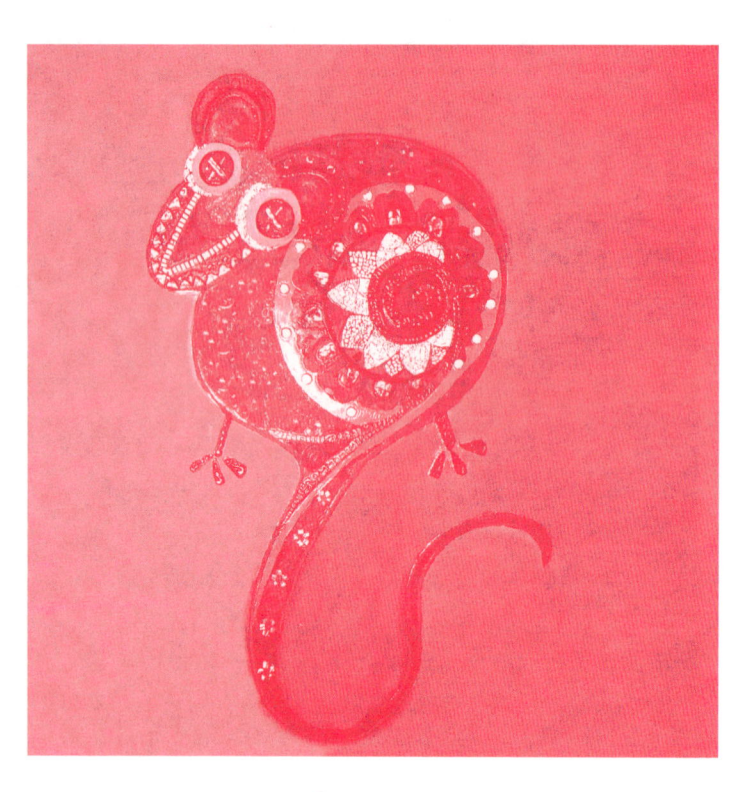

· 漆画：老鼠 ·

那么多纵横交错的生命

· 戍狗 ·

保存生命。当然,古代写出这些诗词的士大夫通常也不参加具体的种植,他们的作品中也不出现种植的细节,例如土地的肥沃程度、肥料、除草,种植哪些植物品种,田埂、水渠以及众多的农具更是阙如。植物只不过是他们作品中的自然风景和田园风光,他们将用植物的山水与红尘滚滚的俗世进行比较,前者高远清洁,后者充满了庸俗的浊气,这是两种精神境界的象征。除了飞花落叶,古人诗词中的许多植物仍然是远景,大约是陶渊明写过一些种植活动,其他诗人多半将植物当作背景。

夏无双:我从小到大的语文课里,老师告诉我们,古诗词里面的植物基本都是作者的思想寄托,代表着一种寓意,表达作者的某种情绪。您肯定比我了解多了,我只是一个只会做阅读理解,归纳段落大意的弱智型水平。

南帆:如果有机会,你应该亲临宏伟的植物世界,譬如到森林里倾听汹涌的林涛,或者攀登到高峰上看一看奇花异草。进入森林砍柴或者拾蘑菇之类仅仅是书本上的事情,我不知道你们这一代平时是不是有兴趣想一些与植物有关的事情，譬如，一棵树的真正寿命有多长？一季的水稻收割下来，它的种子再度撒到田野中，重新发芽、生长，这是生命的直接延伸还是生命的轮回？工业社会以前，植物在人类的生活中占有很大的份额，我们动不动就与植物相遇，而且息息相通，互相理解。牛羊吃的是青草，鸟儿栖息在树顶上，蜜蜂在花瓣中采蜜，蚱蜢在草丛中蹦跶，这些景象后面隐藏着伟大的自然秩序。然而，工业社会和城市把这一切推到了远处，环绕在我们身边的是无数工业和化学制品，玻璃、塑料、水泥、PV管、金属和皮革，等等，植物仅剩下可怜的小盆景。你们出生在这种环境中，一切仿佛已经理所当然，就连各种奇观也是人工制造的，例如各种奇形怪状的摩天大楼，shopping mall 里面琳琅满目的商品，坐在一个游泳池旁边的遮阳伞底下，身边几把造型有趣的后现代椅子，如此等等。这种人工世界的景观与葱绿、蓬勃的植物性质完全不同。对于你们来说，后者不仅是陌生的，而且常常是令人不适的。

夏无双：我没有机会亲临宏伟的植物世界啊，印象里貌似只去过长白山原始森林和我们福建的武夷山。小时候我就对旅游没什么特别大的兴趣，长大之后更是宅得令人发指，哪里都懒得去。我对各种植物的了解基本来自图片以及我妈妈的小花园最近又种了什么小花小树，在画植物的时候不知道具体的样子直接在网上搜一下就可以了，各种各样的图片就嗖的一下蹦出来了，非常方便，也不需要我出去写生什么的。科技造福人类啊！

南帆：与农业相关的种植通常比较辛苦，因为必须追求产量，这是硬指标，懈怠、偷懒、不用心完成不了这些指标，那会饿肚子。农业种植必须把双脚踩在水田里，风吹日晒，进行锄草、插秧、施肥、挑粪等繁重的体力劳动，农民一辈子辛辛苦苦地侍弄庄稼。尽管如此，农业种植中，人类是被动者，植物的品种以及外部环境的风调雨顺起到主导作用。无形之中，人是植物的奴仆，收成或者丰收当然有巨大的成就感，但是，这种成就感中带有很大感恩的成分，幸运的成分，是植物赐予你这一切。

当年我在乡村的时候曾经种植过一棵龙眼树，龙眼树在深山里，我必须走很远的路为龙眼树浇水施肥，那一年龙眼丰收，我收获了两麻袋的龙眼，除了自己享用，还卖了好几元钱……那是一种真心的快乐和感激，觉得这棵树帮了我。

工业产品是人工生产出来的，一切尽在掌握中，反而没有这种感恩之情。艺术作品也是如此，不论难度多大，这一切都是自己创造出来的，仅仅感谢自己。

夏无双：我觉得你们那一代人应该都是这样的吧，比如我妈妈特别爱种花种树，应该就是您这种心路历程哈哈哈……而我们这代就算种花也是种着好玩，装饰家里什么的。我们单位种植物最多的可能就是我所在的办公室了，主要是我屋里的两个姐姐特别喜欢种花，虽然总是种不活，但是特别坚持不懈。这几个月在挑战种荷花，之前是买种子种，结果失败了，只长了两片叶子就嗝屁了，前两天直接买了苗回来，立志要请我吃莲子。我屋子里花花草草的种类特多，甚至还有茉莉花、石榴、大丽菊这种，然而能茁壮成长的只有绿萝哈哈哈……在她们的影响下，我也开始种一些薄荷、多肉这种贼好养的植物，还蛮有意思的。

南帆： 我对你办公室里植物们的未来很不乐观哈。

园林是一种特殊的艺术作品，各种植物在园林中充当艺术作品的有机组成部分。园林中的植物经过种种修剪，显示出一种相对规范的美学形象，中国有许多著名的园林，其中的植物修剪水准很高。不过，有些时候，我对于园林中某种矫揉造作的形式不太喜欢，这时的植物好像太"干净"、太规范了，丧失了那种生机蓬勃的气息。日本也有不少小园林，似乎更规范，一盆榕树盆景，一盆橘树，花盆底下规规矩矩地撒下七八片树叶，那种精致后面透露出一种刻板乃至古板，我不喜欢。

夏无双： 我也不是很喜欢园林，但是园林的起源不就是以前大户人家自己家里的小花园吗？是用来观赏的，观赏植物本来就是有规范的嘛，不像自然森林那么随意啦。谁会容忍花草在自己家的花园里无法无天乱长一气？有钱人不可能这么佛系。

南帆： 有道理，哪天我有钱了，建起花园，估计也会让花草们按照我的意愿规矩起来。

除了油画的写实外，如何以不同的方式表现植物？我想，在这个方面，中国的国画有许多非常成功的经验，那些大写意的绘画风格用笔墨夸张植物的某些特点。此外，现今还有许多别的探索，包括卡通。我突然想到两个电影中出现的范例，比如《阿凡达》，我对影片中植物意象的印象远远超过了人物。其他星球上有植物吗？这是一个有趣的问题。如果其他球星存在植物，是否就是将地球上的植物作为想象的原型？这是另一个问题。还有一部电影李安的《少年派的奇幻漂流》，电影中出现了一个岛屿，上面有一些非常特别的植物，我不知道那是真实的还是虚拟的，也许，热带和亚热带许多植物本身就带有魔幻的色彩。

夏无双：其他星球上为什么会没有植物，只要有液态水和土就会有植物吧？你知道大部分星球上没有植物是因为大部分星球上没有液态水的存在，也有一部分星球叫作气态行星，比如我们太阳系的木星、土星、天王星和海王星就是气态巨行星。虽然出现植物的星球非常非常少，但是不代表没有哦，这类星球应该都是类地行星，也就是最有可能出现生命的星球哦。而植物肯定是根据星球的大气构成成长的，比

> 如地球的大气组成主要是氮气、氧气和其他稀有气体，如果一个星球的大气组成有氢气、氮气和硫黄，植物肯定长得对于我们来说就会很奇特呀。

南帆： 好吧，关于动物与植物，我们先谈到这儿。这些谈话再度证实了我的预料：我的动物和植物存在于大自然中，它们的脚下有泥土和岩石，身边是森林、海洋和呼啸的烈风，我在大自然中与它们相遇。某些时候，它们可能进入寓所，那是大自然把它的某些气息投射进来。我们与动物和植物相处，很大程度上就是重温自然和返回自然。对于你们，动物和植物就是城市、寓所的组成部分，好像天生和人类在一起，远离人类的动物和植物干脆不存在。风景画上的植物和其他星球上的植物也是如此——也是一种"文化植物"。如果不去翻字典，我说不出液态水或者气态行星这些概念，这是你的长处，但是，即使泥土就在脚下，你也不知道哪些泥土肥沃，哪些泥土适宜种什么植物。你很熟悉各种狗和猫的品种，教科书描述过它们的种种生活习性，但是，你没有在池塘里捞过鱼，或者在草丛中遭受蛇的惊吓。从这个角度上看，我们是距离遥远的两代人。如果以动物和植物为界,我走向了自然,你走向了文化,历史在我们之间画了一条线,可能互看时,双方都觉出对方的古怪。每一代都有自己的活法,并且以自己的方式与周围的动植物建立起关系。这个世界的生命是那么纵横交错,动植物们是不可能缺失的,正如我们人类会长存下去一样。

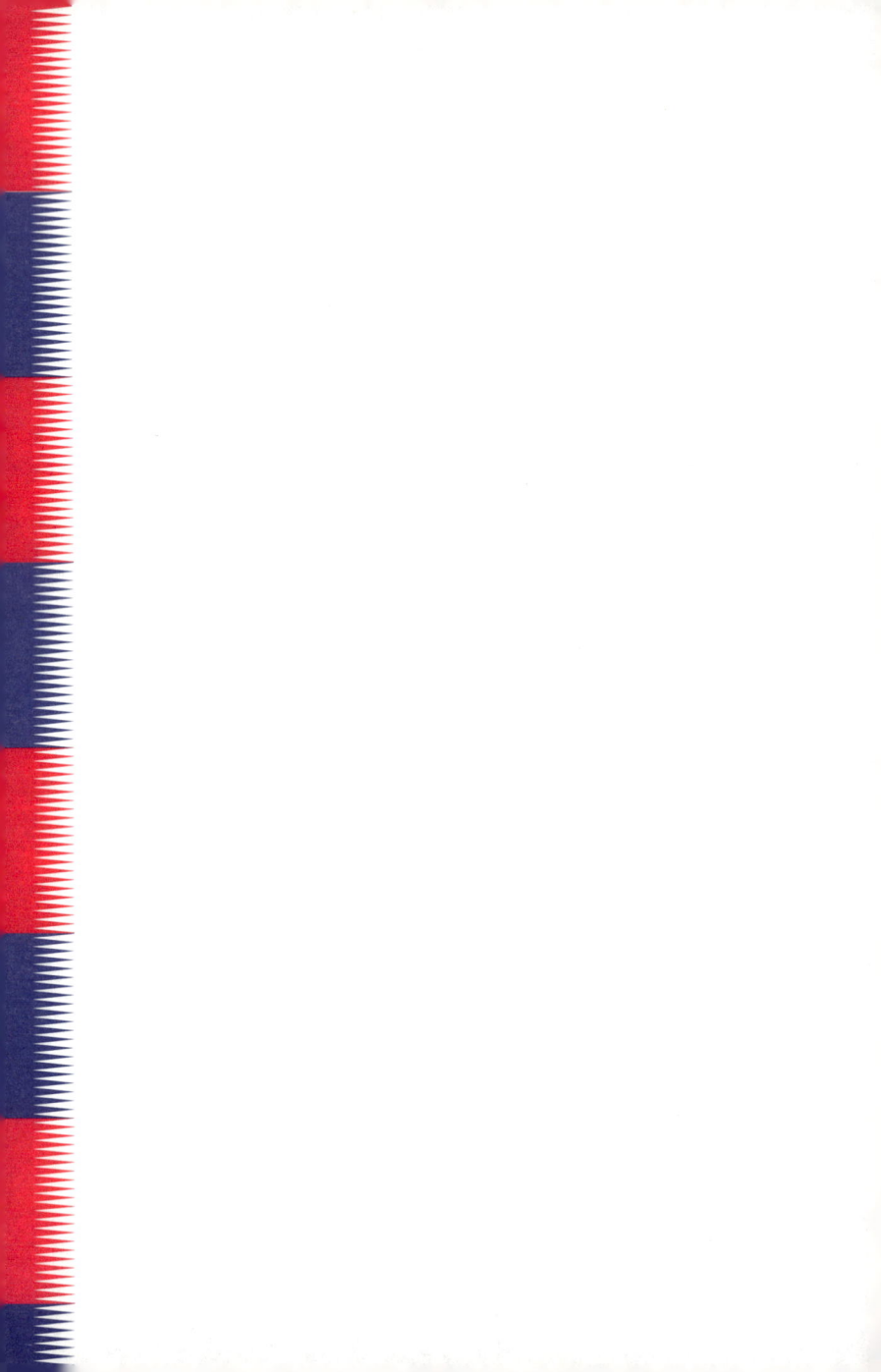

后记

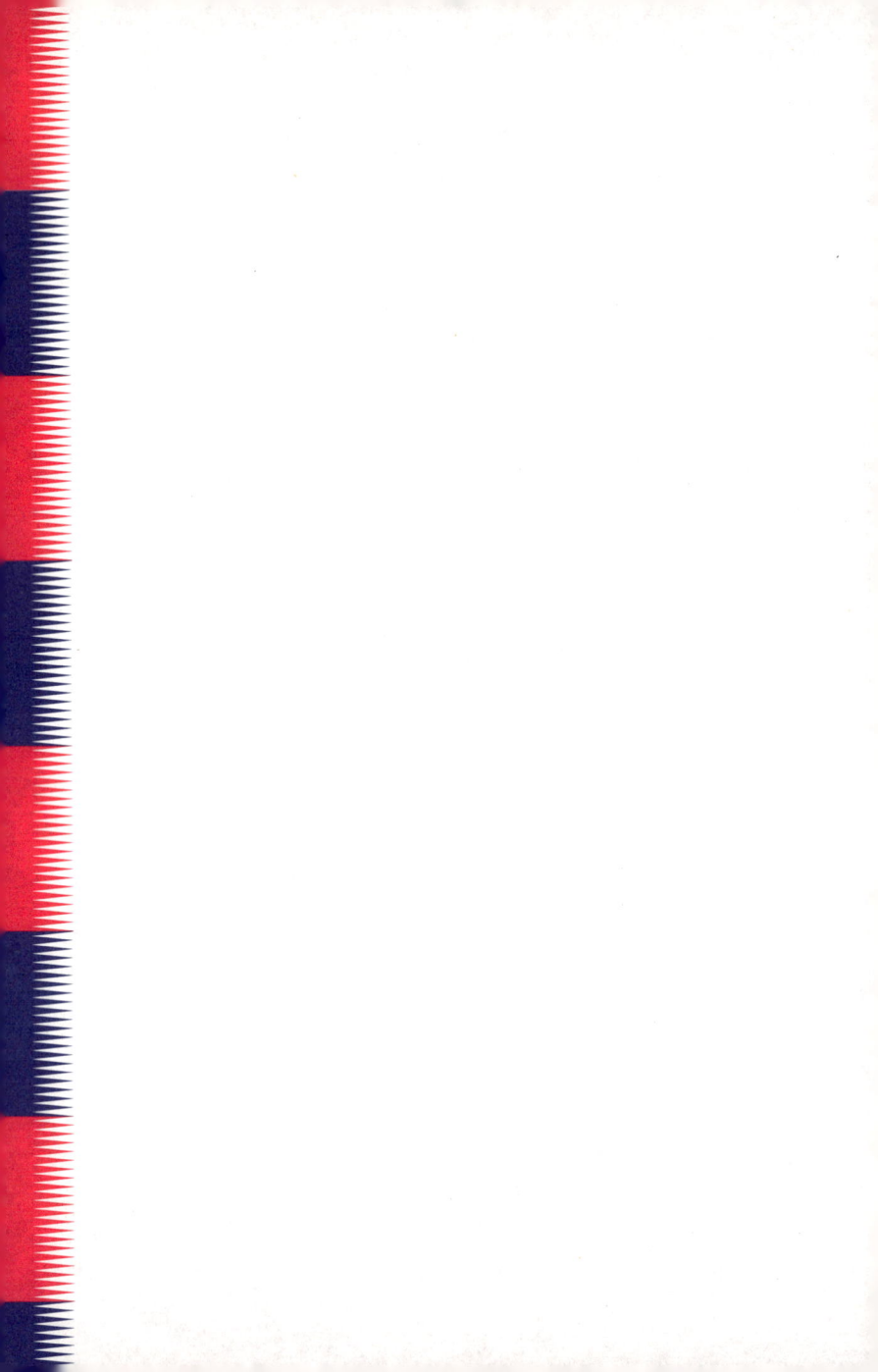

后　记

　　记忆之中，这些对话的产生可以追溯到我对于电影现状的失望。一天晚上，我突然想看一看当下电影，于是开始在电影网站搜索影片。我对影片的内容不存在特殊要求，只不过没有兴趣与外星人以及种种古老的或者现代的魑魅魍魉晤面。未知生，焉知死？按照孔夫子的教诲，我愿意优先对付身边这个红尘滚滚的世界。令人惊讶的是，电影网站贮存的魔幻与科幻影片如此之多，以至于几乎找不到我乐意接受的题材。

　　作为电影学院的毕业生，夏无双对于当代电影的现状相当熟悉。然而，我的抱怨没有获得期待之中的呼应，相反，她开始伶牙俐齿地为魔幻与科幻影片辩护。后来我才知道，她很早即是《哈里波特》的拥趸，曾经勇敢地穿一件与主人公外袍相仿的服装走进校园；她的一个重大遗憾即是，她的母亲林那北无法像J.K.罗琳那样写出如此有趣而惊悚的小说。在小小的意外和轻微的恼怒之中，我试图反驳她的见解，双方的争辩逐渐深入起来。林那北听得有趣，建议将这些对话记录下来。除了口头交换意见，电子邮件与微信为记录提供了巨大的便利，这件事就这样开始了。

第一场对话围绕无双熟悉的卡通语言展开。她本科在电影学院的动漫专业研习了四年。我愿意坦率地承认，我从未正眼看待这个专业，尽管听说过卡通是日本现代文化的组成部分，而不仅仅是简单的儿童读物。但卡通有什么理由如此风行？无双声称《三国演义》之中的赵云——昵称"阿云"——是她的二次元偶像，我从张贴于墙上的海报之中目睹的赵云是日本动漫游戏《三国无双》的一个角色，那个面容英俊的奶油小生让我内心顿时涌出了时空错乱之感。

我很快意识到，美学观念的分歧是所谓"代沟"的重要组成部分。我的美学观念压缩了周边日常生活的纹理，压缩了乡村、自然与农业文明包含的泥土气息，对于现实主义风格抱有天然的好感；同时，由于传世的文学经典充当了强大的后盾，我的美学观念流露出明显的图书馆渊源。相对地说，夏无双的美学观念更多地来自电影院、动漫、科幻作品和流行时尚，同时回响着互联网上的众声喧哗——哪怕她谈论的是历史与大自然。对话之中，她脱口冒出一句：你们那一代的审美是大辫子，我们这一代的审美是蝴蝶结。我错愕了一下，继而觉得这个比喻相当传神，于是决定作为这本书的书名。

随着对话的持续，我们涉猎的范围陆续扩大，美学观念的分歧更大范围地显现为文化观念的分歧。从手机导航、种植植物、扫二维码付款、屏幕上的弹幕文字到科学的意义、性别观念、何谓真实、太空是否存在生命，等等，我们的感受与理解无不存在或多或少的距离，这犹如不同的光线在同一个实物背后制造出多重影子。可以从这些对话之中清晰地察觉横亘在我与她这个一九八九年出生的女孩之间的文化边界。我对无双说，我在历史的这一边，你在那一边。

什么时候开始，两代人的精神结构出现了如此迥异的性质？一代又一代的经验差异不足为奇，令人惊异的是，夏无双的许多观念仿佛与上一代人的精神结构无法衔接——他们的经验仿佛拥有另一个脉络。我从许多学术会议的信息获知，愈来愈多的人开始关注这种现象。从技术、互联网、自媒体、娱乐方式到独生子女成长的文化空间，一系列考察汇聚在"文化研究"的名义之下。也许，许多人共同察觉到一个特殊而重大的问题：我们是否正在抵近一个历史拐点？

这些对话曾经在《芳草》杂志以连载的形式发表。发表之前，林那北都要以主持人的身份撰写一小段按语。她多半扮演一个骑墙派，左边安抚一下，右边袒护一下；涉及现实主义对于魔幻与科幻的不屑，她显然是我的盟军；谈论种种新奇的技术产品，她立即兴高采烈地转入夏无双的阵营。我清楚地知道，对话并非独白，对话包含了某些论辩的意味。对话不是论证什么，而是展开什么，因而力争在开放性中保持某种内在的思想激荡。我不愿意将自己的思想凌驾于夏无双的见解之上，长辈绝非自以为是的理由。将年龄和传统权威作为俯视的根据，思想只能在许多生活领域的门外熄火。如果这些生活领域恰恰构成了未来呢？这是夏无双抛来的问题。事实上，我们分别站在不同的位置，发出各自的声音，种种观点显示的是融入生活的不同姿态。当然，遥远的未来，一切都将沉淀为历史，这一本书力图承担的工作仅仅是及时地收集和记录若干文化博弈的痕迹。

2019年12月26日

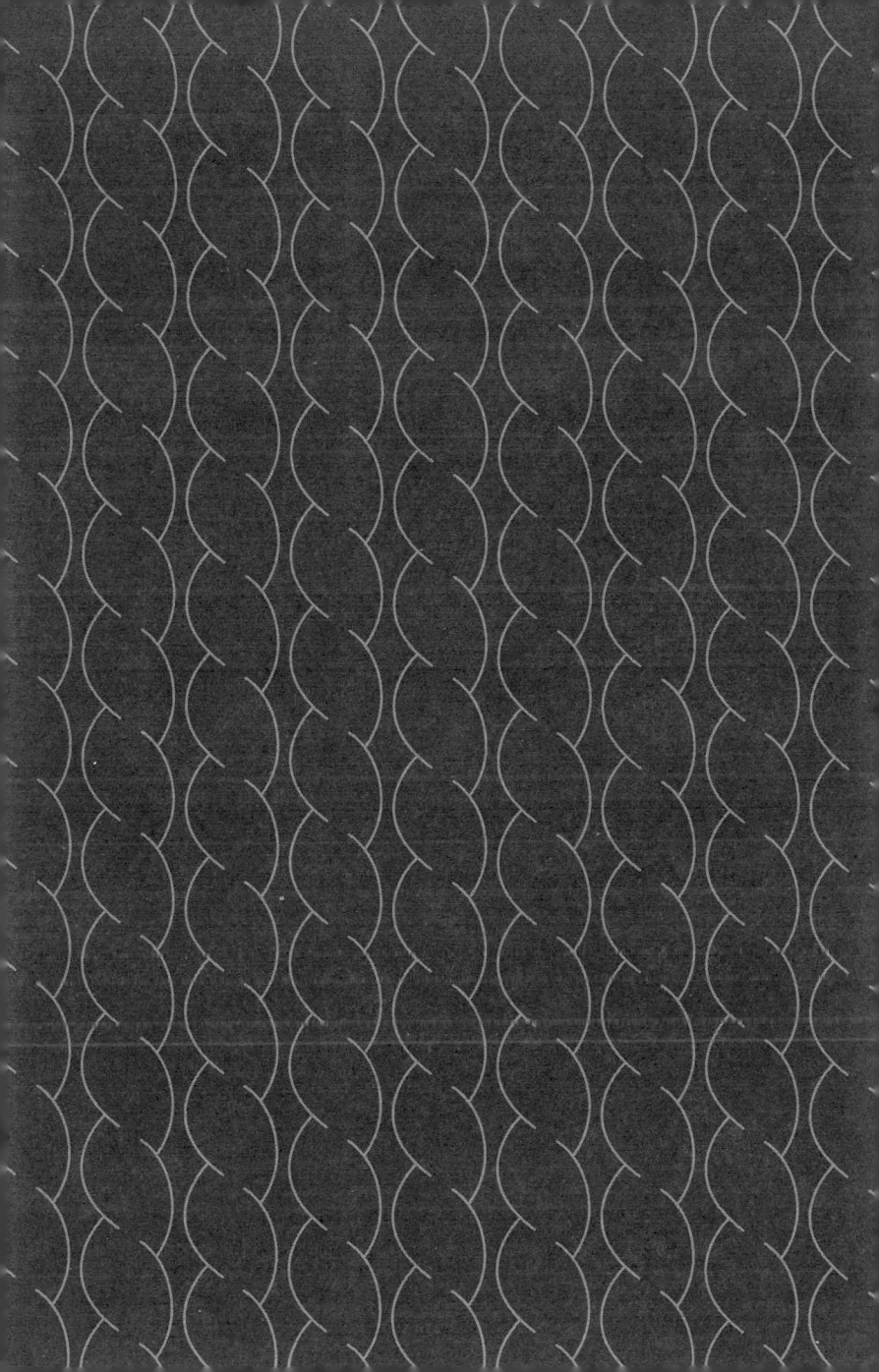